【创新之路】

创意管理架构

突破性创意的生成
Generating Breakthrough New Product Ideas

[加]罗伯特·库 珀
[加]斯科特·埃迪特 ◎ 著
陈 劲 于 飞 ◎ 译

企业管理出版社
ENTERPRISE MANAGEMENT PUBLISHING HOUSE

图书在版编目（CIP）数据

创意管理架构：突破性创意的生成 /（加）罗伯特·库珀，（加）斯科特·埃迪特著；陈劲，于飞译. —北京：企业管理出版社，2017.11

ISBN 978-7-5164-1616-7

Ⅰ.①创… Ⅱ.①罗… ②斯… ③陈… ④于… Ⅲ.①企业管理 Ⅳ.①F273.1

中国版本图书馆 CIP 数据核字（2017）第 275155 号

Generating Breakthrough New Product Ideas: Feeding the Innovation Funnel©2007 Robert G. Cooper and Scott J. Edgett. All rights reserved Published by Stage-Gate International/Product Development Institute (www.stage-gate.com) Simplified Chinese rights arranged through CA-LINK International LLC (www.ca-link.com)

北京市版权局著作权合同登记号：01-2016-9751

书　　名：	创意管理架构：突破性创意的生成
作　　者：	（加）罗伯特·库珀　（加）斯科特·埃迪特
译　　者：	陈劲　于飞
责任编辑：	蒋舒娟
书　　号：	ISBN 978-7-5164-1616-7
出版发行：	企业管理出版社
地　　址：	北京市海淀区紫竹院南路17号　邮编：100048
网　　址：	http://www.emph.cn
电　　话：	编辑部（010）68701661　发行部（010）68701816
电子信箱：	26814134@qq.com
印　　刷：	三河市书文印刷有限公司
经　　销：	新华书店
规　　格：	170毫米×240毫米　16开本　16.25印张　160千字
版　　次：	2017年11月第1版　2017年11月第1次印刷
定　　价：	59.00元

版权所有　翻印必究·印装有误　负责调换

译者序

创新已经成为现今所有行业的口号，而创新战略的研究也受到越来越多管理学专家和学者的重视。然而，什么是创新战略？它包括哪些内容？它有什么作用？大多数的管理人员还是一头雾水，或者怀疑是否值得投入相应的人力和物力。

罗伯特·库珀和斯科特·埃迪特在本套丛书中和我们分享了创新战略的一系列关键作用，包括将创新工作与企业的整体经营相连接，明确战略领域和创意的搜集工作，以及帮助企业获得制胜的新产品。只有当管理人员们充分意识到了战略在创新中的关键作用，才会愿意花时间制订具体的目标和战略。俗话说"磨刀不误砍柴工"，在经济发展愈发迅速、商品更替更为快速的现代商业社会，企业也愈发着眼于成果和可预见的盈利，却常常忽略了带来成果和盈利的"蓝图"。

不仅如此，本套丛书也给出了制订"蓝图"的具体步骤，告诉一头雾水的管理者们如何进行战略分析。我认为，其中很值得管理者借鉴的也是非常关键的一点是认清自身的核心竞争力并加以利用。创新的洪流有时会让企业迷失方向，去盲目跟随市场中的"香饽饽"，却没有充分判断这个"香饽饽"是否和企业的核心竞争力相符。所谓"知己知彼，百战不殆"，若企业无法认清自身的优势和短处，就无法利用自身的优势和资源取得产品和竞争的优势，长期而言，企业便很难在竞争激烈的商场中脱颖而出，更不用说取得长久的成功了。

本套丛书的另一个特色是它包含了涉及多个行业的实际案例，清楚阐述了管理者们所需掌握的要点和步骤。这些具体的案例帮助管理者们思考，为什么宝洁公司的创意钻石模型能够推动它持续获得成功，为什么芭比娃娃和乐高选择了截然不同的道路，哪些企业在面临严重的威胁时将其变成了巨大的商机，又有哪些企业缺乏外围视觉，从而对即将到来的挑战坐以待毙。这些活生生的例子不断敲打着每一个希望获得成功的管理者：不要舒适地待在已经搭好的安乐窝里，商业创新"逆水行舟，不进则退"。

作为一名创新管理学者，我强烈推荐各行各业的管理者们阅读本套丛书的内容。我相信，其中关于创新战略的研究和实际的案例可以激发管理者们的深度思考，并为经营中的企业带来新的创意和灵感。

陈劲

清华大学技术创新研究中心主任

目录 Contents

第一章 追求突破性的创意 … 1
　产品创新是关键的管理要素 … 3
　但这并不简单 … 5
　了解创新项目短缺的根本原因 … 11
　需要积极的创意生成和管理系统 … 17
　将企业打造成一台创新机器 … 26

第二章 用产品创新战略指导创意产生工作 … 29
　引入战略构思阶段 … 30
　什么是产品创新战略 … 32
　产品创新战略的要素 … 35
　设定企业产品创新工作的目标 … 40
　明确企业的目标领域 … 43
　企业的产品路线图 … 59
　让产品创新战略有效运转 … 64

第三章 创意产生的战略性输入——预测未来 … 67
　开发外围视觉 … 68
　利用突破性技术 … 75
　使用场景生成法预想未来 … 84
　注意信号，采取行动 … 89

第四章 利用客户反馈产生突破性的创意　　91

- 为何客户反馈如此重要　　92
- 什么不是客户反馈的研究内容　　96
- 客户反馈为什么能发挥作用　　98
- 客户反馈的方法　　100
- 假如企业忽略客户反馈　　116

第五章 采纳外来创意：开放式创新和创意的外部来源　　119

- 开放式创新　　120
- 宝洁公司的"连接+开发"模式　　134
- 定位企业以获得外部创意、概念和产品　　138
- 超越开放式创新：其他外部创意的来源　　143

第六章 发挥企业内部的创意资源　　151

- 建立创意建议系统——一个潜在的、有效的创意来源　　152
- 给予员工搜索时间和资源以提升企业的创新力　　161
- 采用团队创新模式　　163
- 举办MRG创收活动，运用整个企业的创新能力　　168
- 聆听员工的心声，他们会为企业带来下个突破点　　172

第七章 基础研究的突破——改变竞争的基础　　173

- 技术开发项目有什么独特之处　　176
- 为技术开发项目设计专用的开发流程　　179
- 技术开发流程如何满足传统的产品开发流程　　186

决定投资哪些技术开发项目	187
确保充足的资源	191
将技术转移到业务部门	193
技术开发项目取得成功的方法	197

第八章 挑选优胜项目　　199
采用全球一流的产品创新流程：门径系统	201
记分卡——早期门径的有效选择方法	210
计算风险调整的经济价值：预期的商业价值	225
总结：尽早选出获胜的项目	234

第九章 最后的思考——寻求颠覆性的创新　　237
运用创新菱形	238
企业的产品创新和技术战略	239
有效的创意发布系统	242
组合管理系统有助于企业专注合适的项目	245
创新需要和谐的氛围和环境	248
灵感还是汗水	250

第一章

追求突破性的创意

The
Quest
For
Breakthrough Ideas

"人类的历史本质上是一部思想史。"

——赫伯特·乔治·威尔斯 《世界史纲》

产品创新是现代企业的生命力。看看现今经营出色的大企业，如苹果、宝洁、丰田、通用电气，它们一直稳定地推出成功的新产品。但是当企业的研发能力下降时，产品创新就会陷入困境：人们在购买商品之后没有感受到物有所值。大多数公司的开发组合中缺乏一鸣惊人的或是颠覆性的产品创新，而且越来越多的压力来自金融界，要求企业提高创新成果。

本书的主题是讨论如何解决企业缺乏一鸣惊人的或颠覆性的产品创新的问题。许多公司已经有了可靠的创意发布流程或门径管理系统（见图1.1）[1]。这是解决此问题的重要部分。如果企业没有有效的新产品流程，好的新产品理念就永远无法进入市场。但是，只有可靠的创意发布流程是不够的，许多高级管理人员意识到，企业的发展管道里确实缺乏真正好的、有价值的创意和发展项目。总而言之，这个工序虽然足够健全，但橱柜却是光秃秃的——管道的供给很贫乏。

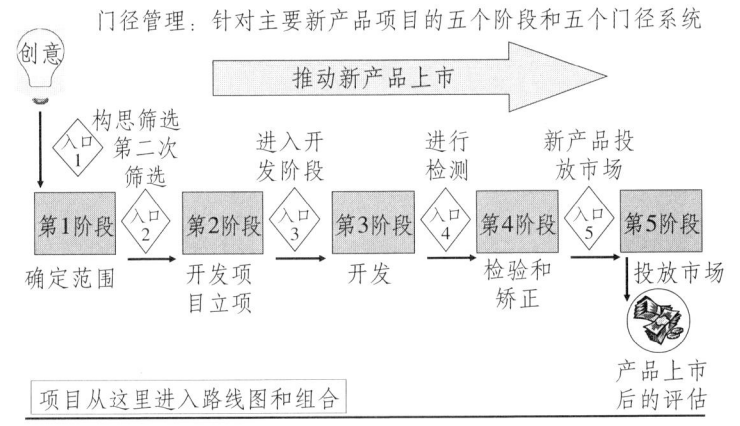

图1.1：事实上，几乎所有绩效卓越的公司在产品创新系统中都使用典型的门径管理方法，推动新产品创意的成功上市。

---

[1] 门径管理（Stage-Gate®）是产品发展协会的一个注册商标，见 *www.prod-dev.com*.

产品创新是关键的管理要素

世界各地的公司已经经历过节省开支、削减成本和卓越运营的时期，现在则把重点集中在持续的有机增长上。高层管理人员和华尔街发现，没有任何一家公司能够一直成功。相反，产品创新和服务创新必须成为增长的动力。正如宝洁公司的董事长兼首席执行官所说："创新是持续增长的前提条件，没有其他途径的营利性增长可以一直持续下去。没有持续的创新，市场就会停滞不前，产品会成为滞销商品，利润也会缩水。"

根据《商业周刊》的报道，创新已经成为所有首席执行官要面对的敏感问题。全球的首席执行官和商业领袖们正面临着日益加剧的竞争。在企业发展的同时，他们也看到其业务模式正面临着挑战，许多产品和服务正逐渐被商品化。这些挑战和市场变革也使他们意识到创新势在必行。

对许多企业高管来说，产品创新已经成为企业唯一的选择。即使不是唯一的选择，那么它肯定也是最重要的一个选择。这里所传达的信息很简单：要么你在产品创新上取得成功，要么你就失败。也就是说，创新或者被淘汰！时运不济的互联网的荣衰仅仅是创新快速崛起的前兆。环顾四周，看看现今这些业绩突出的公司，宝洁公司开发的新产品在行业中创造了销售和利润记录；苹果公司和它开发的播放器一夜之间创造了一个新兴产业；动态研究公司(RIM)的黑莓手机是商界中令人垂涎的通信设备；丰田公司与其开发的普锐斯(Prius)混合动力车使发动机技术更向前迈了一步；摩托罗拉公司开发的超薄RAZR手机2004年供不应求。《财富》杂志对美国最受推崇的公司的年度调查数据分析显示，"长期投资的价值"与"公司的创新精神"密不可分。

产品创新对现代企业的成长和繁荣起到至关重要的作用。在美国，新产品的销售额在企业年销售额的占比较大，几乎达到30%；更令人惊讶的是，绩效最佳的公司年销售额的47.6%以及年利润的49.1%都来自新产品。这意味着公司将近一半的利润和销售额都是新产品创造的。一项重要的全球创新研究也得出了同样的结论，它显示了在不同的行业中新产品对公司销售所产生的影响(见图1.2)。这再次证明，绩效最佳公司的销售额的一半几乎都是由新产品贡献的，而且，在部分行业中，新产品销售额甚至已达到当前销售额的三分之二！

这样强调产品创新是有明显的原因的。全球一体化，外包业务和离岸外包的增长（不仅在制造业，而且在研究与开发领域）正在迅速地改变着市场和竞争环境。现有产品的商品化、对竞争优势的研究以及技术变革的不断加速，都成为新的创新动力。因此，未来，产品创新和服务创新在决定企业命运方面会发挥更大的作用。

随着华尔街对公司执行总裁们施加的压力不断增强，金融界对创新也无法熟视无睹。事实上，Cheskin and Fitch的一项调查显示，几乎一半的首席执行官们都认为产品创新对企业未来的成功至关重要。

而美国理特管理顾问公司的一项全球调查表明,增强创新能力被首席执行官们视为提高企业效益和发展的第一选择(见图1.3)。值得留意的是,在图1.3中,我们可以看到创新要比削减成本更重要,但削减成本却是高级主管们提高利润的传统手段。金融界传达的讯息是,以产品创新为基础的有机增长是最卓越的。

行业	绩效最差的企业	绩效最佳的企业
平均值	19%	49%
生活消费品和食物	19%	66%
汽车制造商和供应商	24%	66%
电器和电子	20%	60%
通信、信息技术和媒体	26%	60%
化学品和资源	10%	43%
物流和服务	6%	37%
药物	11%	40%
设计和制造	23%	48%
建筑和设备	15%	39%
金融企业	7%	31%
航天航空	20%	33%
公共和专业服务	14%	27%
公共事业	7%	8%

新产品销售额占企业销售额的百分比

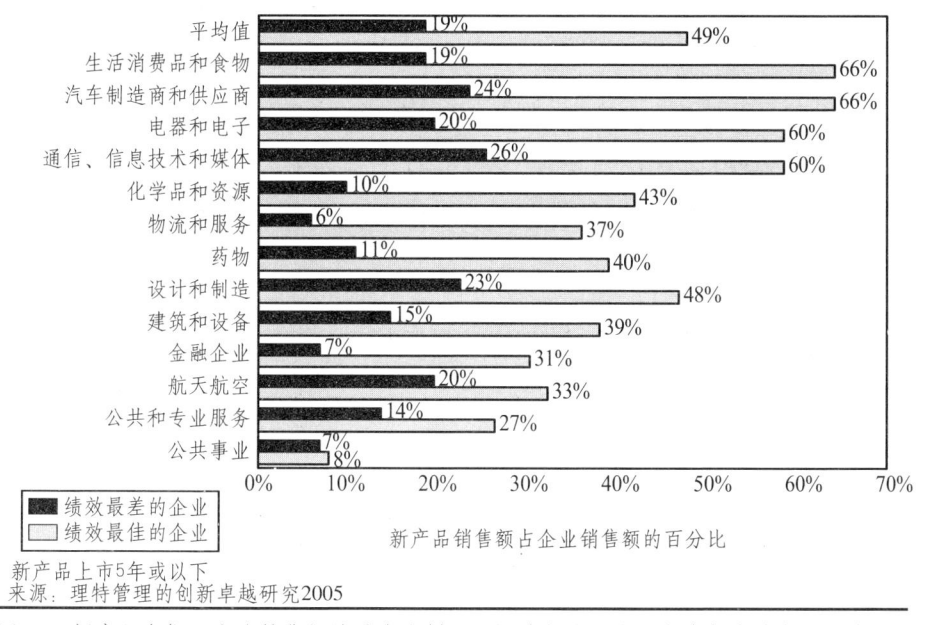

新产品上市5年或以下
来源:理特管理的创新卓越研究2005

图1.2:新产品占据了企业销售额的重大比例;不同的行业百分比也有很大的变化。绩效最佳的企业的新产品平均销售额是比较突出的——新产品平均销售额是其余的2.5倍。

但这并不简单

企业都希望得到一系列既有创意又有利可图的产品创新,但如果这像一些权威人士所说的那样简单，那么在美国和欧洲，将会有一半的公司变得特别富有，而其他公司也会有出色的表现，那么也就不需要寻找新的最佳方法以及出版本书了。

尽管这些首席执行官们、权威人士，还有华尔街都在炒作产品创新，事实上，产品创新的绩效正处于困境之中。虽然企业和国家继续在研发上投入巨资，但是生产力却依然很低。例如，2005年，全球创新1000强的企业在研发上投入了4070亿美元，与2004年相比增长了6%，从2000年开始研发投入的年增长率为4.2%。这个比例还在增加。整个美国公司在研发上投入的金额是总销售额的4.9%。这个百分率在过去几十年都没有太大改变。

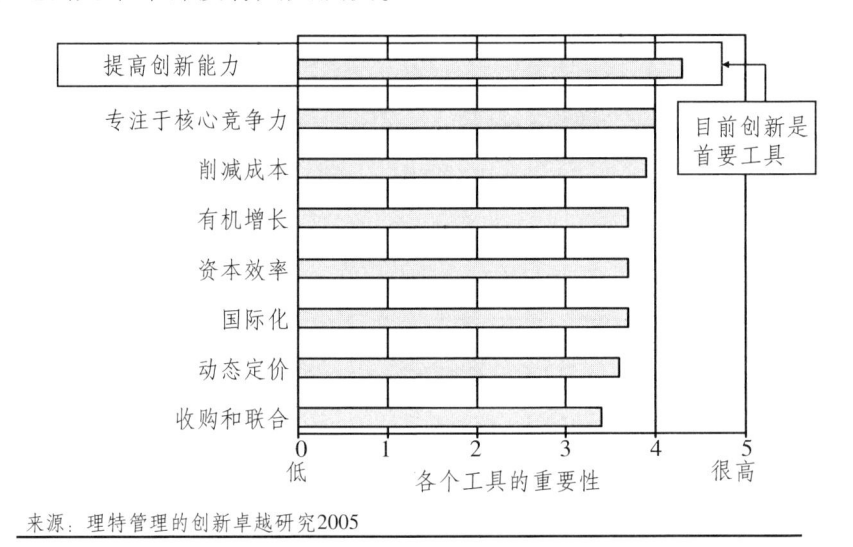

来源：理特管理的创新卓越研究2005

图1.3：在提高企业效益增长的8个主要工具中，首席执行官们认为创新是最重要的，比削减成本更重要。

然而，产出，即从新产品中获得的收入，却发生了变化。从1990年以来，新产品的收入从32.6%下降到2004年的28.0%。在10年多的时间里，无论是投入和产出比，还是研发生产力都出现了急剧的下降。显而易见，许多公司的生产管道已经出了问题。

生产力下降的原因

我们考虑了很多可能导致研发或新产品开发生产力下降的原因。没有证据显示企业现在在这些方面会经营得更差：推出不好的产品，产品设计与开发工作不够完善，或市场调研不足。事实上，对比1985年和现在的一些主要项目的完成质量，无论是初步筛选阶段还是市场投入阶段，在执行质量的评估方面没有任何变化。

然而，有一个因素却发生了戏剧性的变化，这解释了利润和新产品开发影响力下降的原因，那就是，与1990年对比，企业在项目组合的均衡方面有变化。简单来说，现今的企业更关注于小的改变，如产品的调整以及针对销售人员反馈的要求进行处理等，而真正的产品开发却处在了次要位置。

很多公司都缺乏大胆的突破和革新的项目来使其销售额和利润达到新的高度。在产品开发方面，太多的公司选择了"唾手可得的果子"。图1.4显示的数据是我们一项研究的结果，从图上看，1990年企业生产的"全新产品"或创新产品数量占其开发项目组合的百分比几乎是现今企业的两倍。现在的许多企业主要开发次要项目，如产品的提升、改良和调整，这些项目的数量几乎是1990年企业从事该类项目的两倍。

开发组合中的项目百分比细分

开发项目类型	1990	2004	从1990年以来变化的百分比
前所未见的真正的创新	20.4%	11.5%	43.6% 下降
公司的新产品生产线	38.8%	27.1%	30.1% 下降
公司现有产品线的补充	20.4%	24.7%	21.0% 提高
公司现有产品的提升和修改	20.4%	36.7%	79.9% 提高
总计	100.0%	100.0%	

图1.4：在过去的15年间，企业开发项目的种类发生了重要的改变，它们变得不那么创新和大胆。

产品开发管理协会（PDMA）进行的一项研究也显示了这样的趋势："由削减成本、重新定位产品和逐渐改进产品而推动的项目数量增多了，但与此同时，产品的重大修订、生产线的添加、对于企业是新的或前所未见的产品的百分比却下降了。"例如，前所未见的新产品和企业的新产品项目占其组合的百分比从1995年的30%下降到2004年的25%。这也许是产品周期时间大幅缩短的原因，产品周期时间从41.7个月缩短到24个月。显然，很多企业不再像以往一样选择有挑战性或有意义的产品创新；相反，它们更专注于开发时间更短的逐渐改进型产品。无论是高风险或者低风险项目，对于项目组合的构成来说，这都是一个令人担忧的趋势。

一些精明的高管们认识到了这一危险。我们的基准研究显示，这些企业管理者们确实关心他们开发项目的组合。如图1.5所示，21.2%的企业管理层指出他们的开发项目中有足够的、可以为企业带来高价值的产品项目，但40.5%的企业并不是这样。同时只有19.4%的企业管理层声称，他们的项目组合在短期和长期项目之间保持着良好的平衡，而38.0%的企业却承认没能达到平衡。

绩效最佳的企业引领了方向

对于创新来说，成功盈利的秘诀是什么呢？为了回答上述问题，我们考察了基准研究中一些绩效最佳的企业——前20%的企业。它们的新产品开发在多个财务指标和时间指标上都比其余的企业表现更突出。当我们更进一步研究这些绩效最佳的企业时，会发现一个不同的项目组合的情景。例如，在图1.5中，绩效最佳的企业在其开发管道中有更高价值的产品项目和更平衡的项目组合。图1.6中项目组合的细分显示了其中的原因：

● 绩效最佳的企业在其开发管道的革新方面（占其项目组合的17.1%）是绩效最差的企业（8.5%）的两倍。

● 请注意事情发生了很大的改变：20世纪90年代中期，一般企业创新项目的比例（20.4%）要比现今绩效最佳的企业高。

● 对于绩效最差的企业，它们的项目组合中几乎一半是小型项目，比如产品的调整、改良和扩展（占项目组合的46.5%），这比例远远超过了绩效最佳的企业。

没有人可以证明一个特定的项目组合可以为企业带来更好的绩效，但这个分析的过程却是令人信服的。首先，绩效最佳的企业无疑有更多创新的项目组合——较高比例的真正的创新项目和较低比例的次要项目。其次，很多年前，一般企业的项目组合都比目前绩效最佳的企业更优良。

项目组合包括了对企业具有高价值的项目: 0.0% / 21.2% / 37.9%

项目组合含有非常平衡的项目类型: 0.0% / 19.4% / 31.0%

□ 绩效最差的企业
■ 绩效一般的企业
▨ 绩效最佳的企业

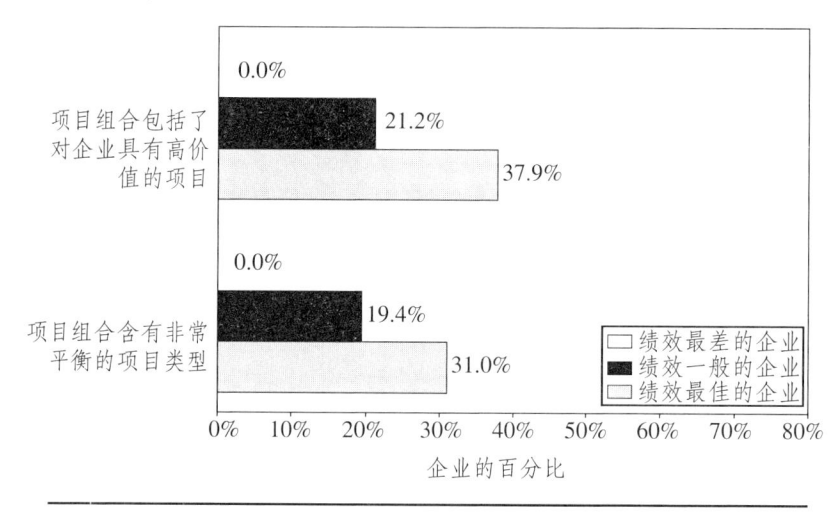

企业的百分比

图1.5: 大多数企业开发项目的组合没有达到标准。
请注意: 绩效最佳的企业和绩效最差的企业有多大的区别。

开发项目组合中的百分比

开发项目类型	绩效最佳的企业 2004	绩效最差的企业 2004	绩效一般的企业 1990
前所未见的真正的创新	17.1%	8.5%	20.4%
公司的新产品生产线	31.1%	23.0%	38.7%
公司现有产品线的补充	25.8%	22.0%	20.5%
公司现有产品的提升和修改	26.0%	46.5%	20.4%
总计	100.0%	100.0%	100.0%

图1.6: 绩效最佳企业的开发项目组合比绩效最差的企业更加具有创新精神, 与15年前一般企业的开发项目组合类似。

▌了解创新项目短缺的根本原因

在找到解决方案之前，请我们先反思一下是什么原因导致了项目组合的变化。在最近的一些研究中，我们与管理者们进行了讨论，确定了影响创新开发组合的5个主要障碍。

障碍1——产品上市速度过快

过去近10年来，企业更集中于如何缩短产品开发周期以及尽快推出新产品。虽然缩短产品开发周期是一个令人向往的目标，但是，也导致了意想不到的不良后果，例如投机取巧、简化项目、团队士气低落等。这些都被视为是由于过度强调缩短开发周期而导致的。

过度强调开发速度会带来消极的后果，就是决策者们会倾向于选择"唾手可得"的小项目。这是最简单的缩短开发周期的方法。开发周期缩短了，与此同时，开发项目的组合质量也降低了。

障碍2——针对顾客和销售人员的紧急需求做出的回应

另一个类似的原因是企业对顾客或销售人员关于新产品的要求迅速做出回应。这样就导致了产品根本不是全新的，只是被重新包装、稍微修改或调整。从个体角度看，这些项目不会消耗太多的资源，但是从整体上看，它们却占用了很大一部分本可以用来真正开发产品的资源。

这些紧急的销售需求必须得到及时的处理，这样才能使企业的销售团队和客户满意，这对他们来说至关重要；另外，这还可以使企业的生产线始终处于不断更新的状态。但如果这些项目从一开始就在企业的项目组合中占据主要地位，那么从长远来看，企业就会陷入困境。因为这些紧急的项目将会消耗很多资源，而这些资源恰恰是开发新产品、提高知名度和发展新平台所必需的。正如一位企业高管所说："必须先完成许多小型的项目，因为需要我们对顾客的需求做出回应。但麻烦的是，这些项目几乎消耗了我们所有的开发资源。"

障碍3——资源匮乏

"达到数量"和"达成季度业绩"，这样的工作口号导致许多企业在新产品创新方面出现了严重的资源短缺。他们的财政目标是"少投入，多产出"，这导致企业管理层无法为产品创新提供必要的资源，也削减了重要技术的投入和营销人员的数量。请看图1.7所提供的有力的研究证据。

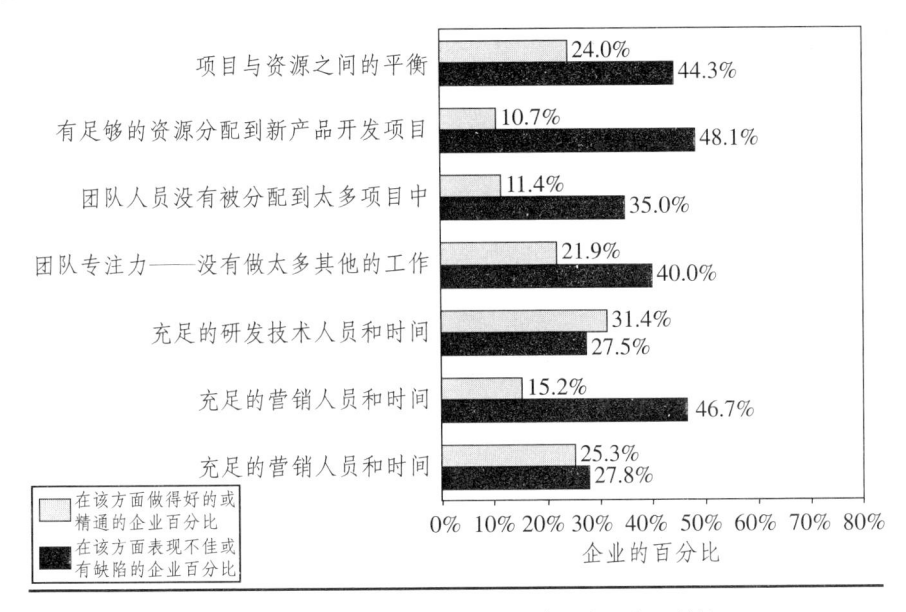

指标	做得好的企业百分比	表现不佳的企业百分比
项目与资源之间的平衡	24.0%	44.3%
有足够的资源分配到新产品开发项目	10.7%	48.1%
团队人员没有被分配到太多项目中	11.4%	35.0%
团队专注力——没有做太多其他的工作	21.9%	40.0%
充足的研发技术人员和时间	31.4%	27.5%
充足的营销人员和时间	15.2%	46.7%
充足的营销人员和时间	25.3%	27.8%

图1.7：当新产品开发项目数量过多时，资源全面紧缺。
无论哪个职能部门，团队人员配备不足时，都难以专注地开发新产品。

- 目前，很多企业正向其开发管道投入更多的项目，但所需资源量却没有增加。绝大多数企业无法保持其可利用资源与进行的项目数量之间的平衡。只有10.7%的企业为其新产品开发项目配置了足够的资源，以确保项目有质量地进行。

- 由于同时进行太多的项目，人员分配过于分散（只有11.4%的企业没有将人员和资源分散到太多的开发项目中）。

- 企业的工作缺乏焦点：项目团队成员被过多地分散到其他项目上，没有足够的精力专注于自己的产品开发。只有21.9%的企业在资源分配上确定了合理的重点。

● 由于大多数职能部门缺乏资源，导致新产品开发项目处于不利地位。仅有31.4%的企业在开发项目上有足够的技术资源。营销和销售资源更加匮乏：仅有15.2%的企业在开发项目上有足够的营销资源，而有足够的销售资源的企业只有25.3%。

对一个企业来说，这种资源匮乏影响到其选择的项目组合。为什么呢？当资源紧缺时，管理者们没有太多选择——他们只能选择一些"稳妥的赌注"，通常是较小的、容易做的项目。这里有一个代表性的评论：

"我的企业研发预算非常有限，所以我不可能把绝大部分预算全都放到一些大的投资项目上，我承担不了这个风险。我必须为自己留一条后路，选择一些规模较小的、风险低的项目。如果我有更多的研发预算的话，那么我也许可以投资一些风险较高的项目。"

障碍4——缺少有突破性的改革创意

也许最重要并且最难克服的缺陷就是企业缺乏有创造力的和突破性的创意。大多数的企业都面临着类似的情况。比如，在我们的基准研究中，只有19%的企业具备这种成熟的创意前端，可以满足其开发需求，如图1.8所示。在该图中，只有三分之一的企业会与具有创新理念的用户合作，来获得下一个突破。

如果企业持续专注于小型的、渐进性的产品开发，那么它们就无法实现其更积极的创新目标。如果企业想通过产品开发寻求竞争优势，并且实现销售和利润的显著增长，它们就必须改变项目组合。为此，企业需要崭新的、大胆的和创新的产品理念，比如一些真正的有突破性的创意。

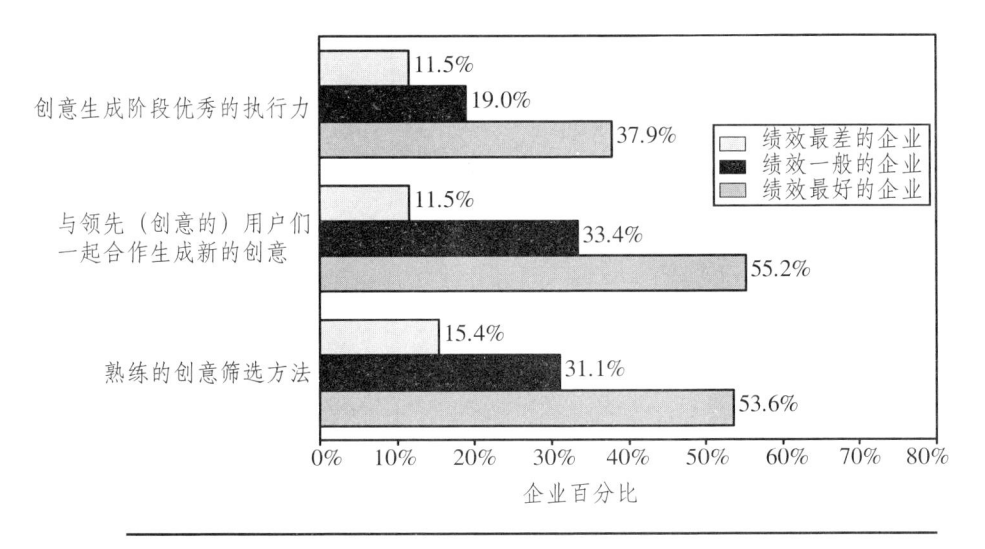

```
创意生成阶段优秀的执行力     11.5%
                              19.0%
                              37.9%

与领先（创意的）用户们       11.5%
一起合作生成新的创意          33.4%
                              55.2%

熟练的创意筛选方法            15.4%
                              31.1%
                              53.6%
```

图例：绩效最差的企业／绩效一般的企业／绩效最好的企业

横轴：企业百分比（0%～80%）

图1.8：大多数企业在创意生成上需要大的改进。绩效最佳的企业具备更好更主动的构思能力。

一些绩效最佳的企业在一定程度上已经这样做了。如图1.8所示，就所拥有运转顺畅的创意阶段和娴熟地实现创意而言，绩效最佳的企业是绩效一般企业的两倍，尽管如此，绩效最佳的企业仍有很大的进步空间。同样的，这些绩效最佳的企业当中，55%的公司会主动寻求具有创新理念的客户，与之合作，获得更有创新性的新产品创意。这就意味着追求更有效的创意能力其实是一个有效的解决方案，它可以帮助许多企业走出新产品开发的困境。

障碍5——项目选择的标准有误

不到三分之一的企业会使用一流的创意筛选、创意评估和选择的方法(见图1.8)。就像风险投资家一样,成功的关键是要有能力做出正确的投资决策:即使在掌握的信息非常少的情况下,也能在项目的早期阶段,评估和选择企业所需的项目。然而,大多数的企业都使用了错误的筛选方法,或者根本没有使用任何方法。然而,与其他企业相比,绩效最佳的企业会运用有效的方法筛选和选择新的产品,此比例几乎为2∶1。

到目前为止,一些常用的金融工具,比如投资回收期、净现值法和生产率指数,都是最受欢迎的项目选择和优先排序的方法。这些金融方法非常适用于一些明确的项目,比如项目的修改和扩展,因为在财务方面回报是可以预测的。但是对于那些脱离常规的或更早期的项目,就不太适合采用这些方法。一家工业研究所的研究显示,如果企业在新产品开发项目选择上严格地运用这些金融方法,那么这些企业最后都会得到最差的项目组合。在项目选择方面,过度强调财务标准会推动企业选择规模更小、风险更低的项目,只是因为这类项目的回报率看起来更好,成本也比较低,也更容易预测。

消除障碍，解决难题

如果企业把一系列突破性的新产品创意和项目作为它的目标，首先，企业应该回顾上文提到的几个典型的障碍，找出影响企业创新道路的障碍是什么，然后用以下的方法清除这些障碍。

1. 不要单纯地追求速度。切记，企业的目标是可盈利的产品创新，而不是快速地操作那些低价值的、容易生产的产品项目。正如宝洁公司的一位高管指出："速度在宝洁公司已经被废弃了……十年来追求速度的经历导致我们做了许多不明智的事情！"

2. 面对销售团队的要求，避免采用被动的反应模式，并控制与之相关的产品项目数量。

3. 保证有足够的资源投入到创新项目中，甚至建立一个严格地专注于创新的团队，仅负责创新的项目。

4. 推出更稳健的、高价值的新产品满足客户需求。

5. 重新思考企业该如何评估、分级和排列项目，即项目的选择方法。

需要积极的创意生成和管理系统

很多企业由于缺乏卓越的创意而使产品创新陷入困境。由于要开发出一个成功的新产品，企业可能需要大约100个创意，所以企业必须有挖掘钻石一样的精神。如图1.9所示，这个过程有很高的损耗率。创意是产品开发的重要部分，而同时创意的损耗率又很高，因此企业需要正式的、系统的、专业的创意生成和管理方法，促进创意的生成，筛选出有质量的创意。事实上，根据美国理特管理顾问公司的研究，在新产品开发管理过程的五个因素中，创意管理对新产品销售额的增长影响最显著。如图1.10显示，有效的创意管理使新产品的销售额额外增长了7.2%。

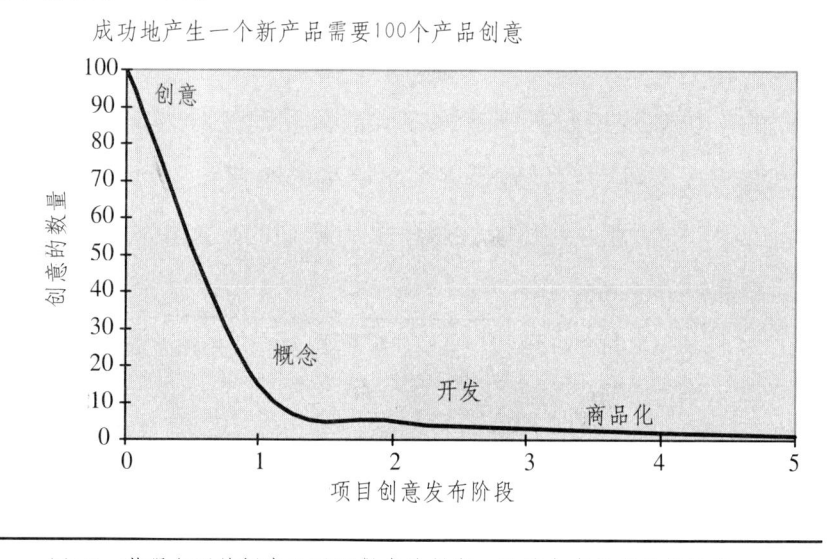

成功地产生一个新产品需要100个产品创意

图1.9：获得主要的新产品需要很多的创意，这其中有很高的损耗率。

有效的创意管理系统的要素

对创意管理系统来说，什么是最重要的要素？首先是让有创造力的员工积极地参与到创意过程中(见图1.11)。有些企业，如施华洛世奇和圣戈班，已经成功地开发出了非常完善的系统，促使员工参与到构思过程中。这种方式已经为公司提供了大量的、有建设性的创意。

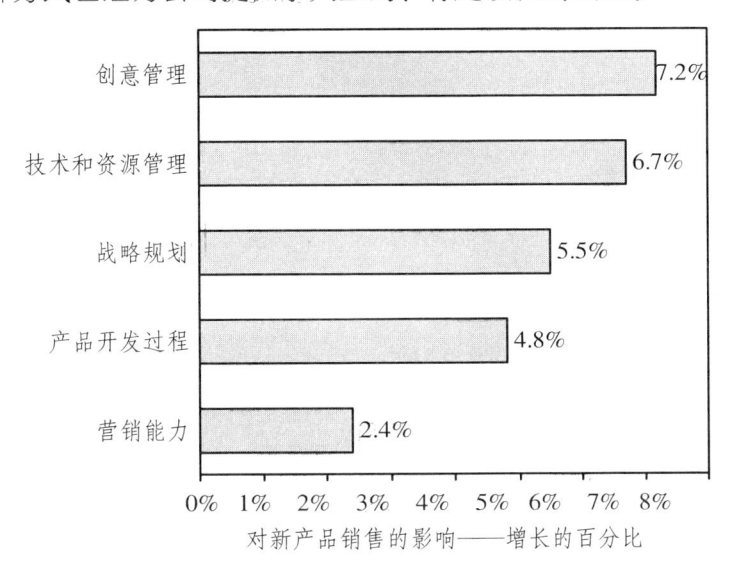

因素	对新产品销售的影响——增长的百分比
创意管理	7.2%
技术和资源管理	6.7%
战略规划	5.5%
产品开发过程	4.8%
营销能力	2.4%

来源：改编自理特管理的创新卓越研究2005

图1.10：新产品开发绩效的五个最重要因素中，创意管理对产品销售收入有更显著的影响。

图1.11显示了该研究得出的其他同样重要的关键因素。

推动创意产生的系统化流程。好的创意不会只是偶然或运气的产物。虽然偶然和运气产生的创意也可能富有成果，但是创意是通过努力得到的。越来越多的公司开始使用系统化的方式促进创意的产生，并将其推入创意发布流程的早期阶段。本书的大部分内容就是阐述如何使用这些主动的方法推动新产品创意的生成，即产品创新流程的构思阶段。

生成新创意的时间。当企业的员工，包括非常有创造力的员工，忙碌到只能勉强应付他们的日常工作时，他们就难以有更多的创造力。创造力和思考力需要时间，并不是在忙碌的一周后的周五四点三十分，人就能迸发出创造力。

选择和评估新创意的方法。 许多公司都缺乏评估和排序创意的有效方法。传统的评估方法（如金融工具）不适用，因为在新创意的萌芽阶段，传统的评估方法无法对新创意进行严格的财务分析。同时，对于不确定性很高的创新性项目，企业也无法给出可靠的财务分析。一个糟糕的创意评估方法不仅会埋没很多优秀的构思，而且会打击创新的积极性，结果只会保留那些潜力较低的、不那么有创意的"创新"，因为它们规模小、风险也更低。在本书的后面，我们会讨论更有效的筛选创意的方法。

因素	评分
有创造力的员工	4.2
选择和评估新创意的方法	3.4
系统的生成创意的流程	3.4
生成新创意的时间	3.3

1 无关紧要　2　3 重要　4　5 非常重要

来源：改编自理特管理的创新卓越研究2005

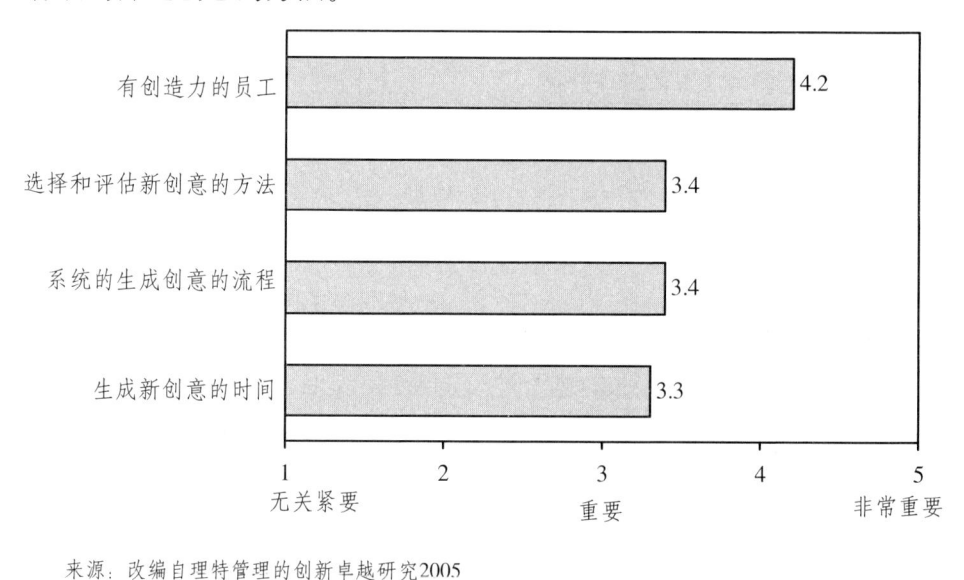

图1.11：创意管理中最重要的因素分别是有创造力的员工、选取最佳创意的有效方法和系统的生成创意的流程。

从哪里开始

制订有效的创意管理系统的第一步是确定创意的潜在来源。好的创意来自哪里？或许更重要的问题是：它们应该出现在哪里？哪些有价值的创意来源还没有被发掘？有些创意可能备受企业青睐，但这并不意味着其中的任何一个创意都是最好的。因此，企业可以将目光放到传统的创意来源以外的地方。实际上，许多研究表明，好的创意来自更广泛的来源，如图1.12所示。例如，外部来源几乎与内部来源（如研发和营销）同等重要。以宝洁公司为例，它将其重心从内部生成创意转移到外部的创意来源。它的目标是，至少50%的新产品创意都来自企业的外部。所以，创意的"最佳来源"来自企业内部及仅关注企业内部的想法似乎太过于狭隘。

内部
- 研究和开发：82.5%
- 销售、营销和规划：75.0%
- 操作：30.0%
- 其他的公司管理者：25.0%

外部
- 客户和潜在客户：40.0%
- 合作的研究机构：17.5%
- 技术出版物：10.0%
- 竞争对手：10.0%
- 大学：7.5%
- 发明家：7.5%
- 别的来源：7.5%

新产品创意的来源：企业百分比

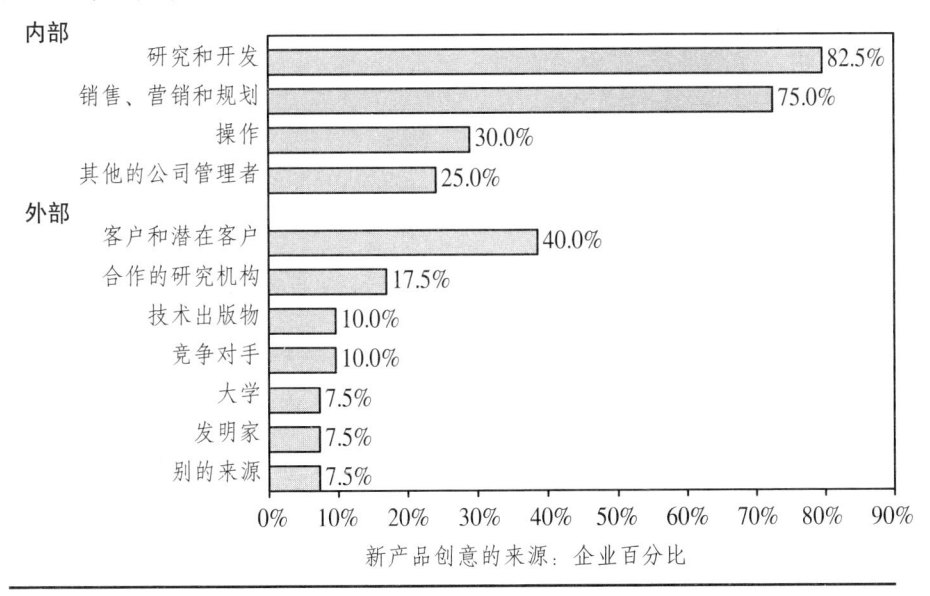

图1.12：传统新产品创意来源多样广泛，是新产品创意的基本来源。

当企业将创意的定义扩展到可以容纳新的商业模式以及新产品和服务时，创意来源的组合和重要性也会有所改变。图1.13显示了新任IBM首席执行官的全球调查结果。该图显示，公司员工和外部合作伙伴是主要的创意来源，而传统的创意来源，如内部的销售和研发部门，反而淹没在其他来源间了。

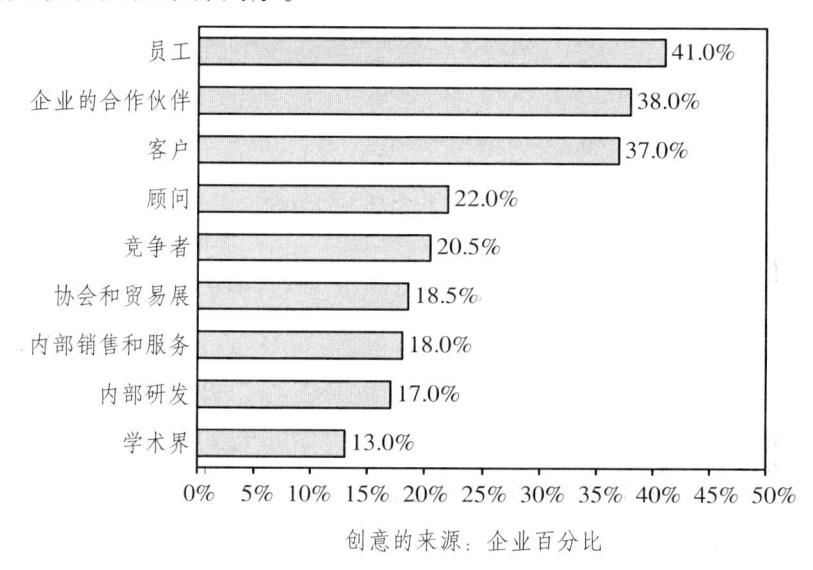

创意来源	企业百分比
员工	41.0%
企业的合作伙伴	38.0%
客户	37.0%
顾问	22.0%
竞争者	20.5%
协会和贸易展	18.5%
内部销售和服务	18.0%
内部研发	17.0%
学术界	13.0%

来源：IBM全球CEO研究2006

图1.13：新创意的来源（包括新的经营模式、新产品和服务）显示了新的模式，重点更多地放在了合作伙伴和员工上，而不是在研发和销售部门。

这里的要点是，企业的创意系统必须挖掘出更为广泛的潜在来源，无论是企业内部还是外部，如企业员工、高管、客户、合作商和伙伴，甚至发明家。企业无法只依靠几个人或几个部门，把它们作为创意的唯一来源。创意能力现在成为新的企业机能或活力，它需要企业中的每位员工都参与其中，甚至包括企业的附属公司的员工和外部人士。

创建焦点团队

接下来，确立创意负责人、焦点或创意小组。企业中普遍存在的问题是，构思创意虽然被视为每个人的工作，但却没有人专门负责。因此，采集和筛选创意的工作常常被忽略。由于没有采集和处理创意的系统，好的创意常常会丢失，也有很多好的创意只能保留在人们的头脑里或是私人电脑里。如果不采取行动，这些好的创意就像葡萄藤上的葡萄一样，最终会枯萎死去。企业可以采取如下措施：

- 一些公司把创意负责人或创意小组称为"I-Group"（焦点团队）。它的任务就是管理搜集到的创意。它的角色是刺激新创意和机会的生成。
- 收集企业内部和外部的创意。
- 加强充实创意的概念，使其达到评估水平。
- 做出创意的过关／淘汰的决定。
- 将被采纳的创意引入产品创新过程的第一阶段。

为企业的开发流程建立规范的前端

图1.14显示了创新过程的前端，即创意搜集和处理系统，是如何工作的。阅读本节时，请读者将这个开发流程与你公司当前的情况进行比较。

各种来源的创意被记录在标准的创意提交表格（电子版或纸质版）上。焦点团队会对这些创意做出处理。在这个阶段，创意会被预筛选、扩充、调整、培养、组合及可视化。然后，焦点团队将具体的创意提交给管理委员会，即入口1的创意筛选团队，由其做出过关／淘汰的决定。当然，结果会反馈给创意提交者。

淘汰的或评估为未成熟的创意会被存储在创意库中（见图1.14）。这个创意库应该是电子的，甚至是开放的系统，其他员工也可以参与评论和改进创意库里的创意。

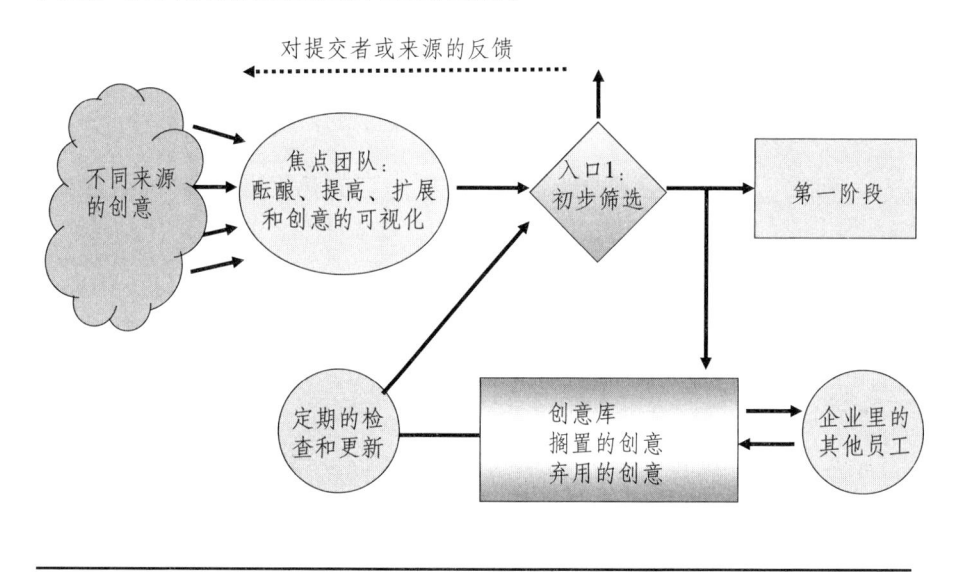

图1.14：企业要建立系统性的创意收集和处理流程，要具有焦点团队可做出过关／淘汰的决定的入口1和开放式的创意库。

如果一个创意在入口1被采纳，那么入口1的负责人会同意一个"前进"的行动计划，将必要的资源投入其中，推动创意进入下一阶段，也就是新产品开发流程中的第1阶段，即确定范围阶段。由此，该创意就从某人脑中的灵光一闪转变成了早期的开发项目。有了前进的动力，该项目也开启了它在产品创新流程中的旅程。

创建交流渠道与"摇苹果树"

建立创意管理系统的最后一步是建立流程图、机制和操作进程，推动甚至帮助生成创意，并使其汇集于焦点团队。正如一位高管所言：

"以前，我们的创意团队（负责收集审查创意）认为他们的任务很简单：只要在苹果树下铺网，等待苹果（也就是创意）自己落下来就行了。他们每个月收一次网，在筛选会议上再将苹果分为好苹果、坏苹果等。好的创意进入到新产品流程的第一阶段。

"现在，创意团队的角色已经截然不同。是的，他们仍然在树下放一张网，但是现在他们会爬上那棵树，努力地摇晃树枝，使大量的苹果落下。这是一个非常积极主动的行为，创意团队能真正促使'新创意的产生'。"

下面的章节将会具体描述获取创意来源的方法和流程，以及"摇苹果树"的原理。这些方法可以帮助企业从内部和外部获取创意。切记，这些创意无论来自哪里，都要移交给焦点团队，由其处理和初步审查。这个团队成为创新流程的入口通道。

将企业打造成一台创新机器

这里要面对的挑战是：企业如何生成、构思、选择制胜的新产品创意和机遇，包括一些规模较大的创意和变革？本书概述了一些方法和思路，它们在一些出色的公司已经得到验证。下一章首先介绍如何明确产品创新战略。从战略出发，创新战略明确了企业寻求机遇的目标领域——哪些是在领域内，更重要的是哪些是在领域外。这样，目标领域得以确定。

第三章会延续战略这个主题，探讨各种战略方法，寻找更多的创新机会。这些方法包括开发外围视觉、使用场景法、识别和利用突破性技术等。

在很多公司，客户资源是极佳的创意来源。客户反馈流程已经日趋完善，很多绩效极佳的公司也定期采用这个流程推动创新。这些内容会在第四章中得以呈现。第四章探讨两个较新的方法——众包和领先用户分析，以及更传统的客户反馈法，如人种学。

企业的外部环境应该是新产品创意的重要来源，但你注意到了吗？从公司外部环境寻找创意来源是第五章探讨的主题。开放式创新被预示为创新的新浪潮，它促使企业接触到世界范围内的创意思想。以宝洁公司的"连接＋开发"计划为例，探索其他的聚焦于外部创新方式，包括专利地图、竞争触发器、与供应商合作以及运用高校的创造力等。

企业自身的员工是最具有潜力的、优质的创意来源。丰田公司的员工每年提交大约80000个创意！你的企业从员工那里得到多少新产品创意？第六章探讨如何利用创新活动和创意征集主题激发整个组织的创造力。

许多公司从事基础科研项目。这意味着这些基础科研项目为新的机遇和创意奠定基础，而这些机遇和创意可能会改变竞争的基础。但通常基础研究的结果只能带来不多的价值。在第七章中，你们会了解到领先的企业如何利用科学界的创造力和科学能力，为产品创新过程提供支持。

最后，第八章集中讨论如何挑选优胜者，即如何筛选并评估创意和早期的机遇。这个挑战有难度，因为创新的想法往往充满了不确定性，这使得传统的投资和评估方法无法发挥作用。此外，早期的机遇只有有限的参考信息，但企业仍然要做出决定。企业在这方面如何有效地做出决策，将决定企业的总体创新工作。

请在阅读本书时思考如何提高企业用于产品创新的创意质量和价值，以及如何获得一系列稳定的、有突破性的、高价值的新产品创意。

第二章

用产品创新战略指导创意产生工作

A Product Innovation Strategy

to

Guide Your Idea Generation

Effect

我认为这个世界上最重要的不是我们身在何处，
而是我们去往何方：为了到达胜利的彼岸，
我们必须时而顺风航行，时而逆风，
无论怎样，我们必须前行，不随波逐流，不停泊在原点。

——老奥利弗·温德尔·霍姆斯
《早餐桌上的独裁者》，1858 年

引入战略构思阶段

所有的步骤都是由战略引出的。由于新产品创意的失败率较高，而且企业不容易得到突破性的创意，所以对企业来说，有一个由战略推动的创意生成系统非常关键，它可以帮助企业获取价值高的机会。创意不再是传统过程中偶然出现的灵感，虽然以往突然冒出来的好想法是获得创意的有效途径，但是现在却无法满足企业发展的需求，特别是在现今成熟的行业更是如此。现在，创意的产生是有战略性和系统性的，它是创新流程中的重要部分，需要加以管理。因此，传统的产品创新过程中偶然出现的灵感要被一个新的阶段所取代，即门径管理流程中的战略构思阶段，如图2.1所示。

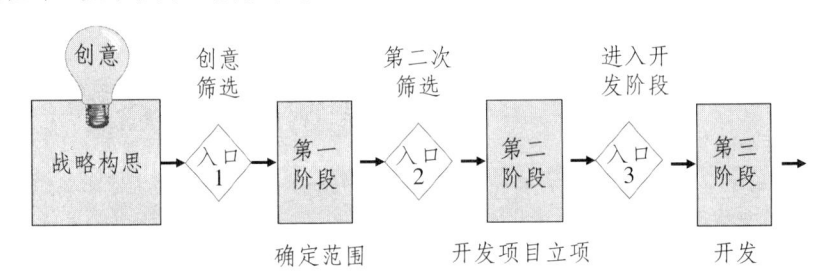

- 运用战略构思阶段寻求突破性创意
  - 主要收入来源
  - 重要的新产品创意
  - 战略衍生的创意

图2.1：在产品创新过程中，引进战略构思阶段取代传统的创意阶段或灵感，确保创意搜索是由战略推动的。

由企业的产品创新战略出发

对企业来说，产品创新战略是寻求新发展机会的最佳起点。创新战略确定了战略领域的重点，即寻求创意的狩猎场或搜寻领域，如图2.2所示。这对于确定创意和机遇很重要，因为它不仅明确了哪些在领域内，更重要的是，还明确了哪些在领域外。这样的标准不仅使新产品创意更具针对性和侧重点，也使其更加有效。企业应避免采用像机关枪随意扫射似的传统创意寻求方法。

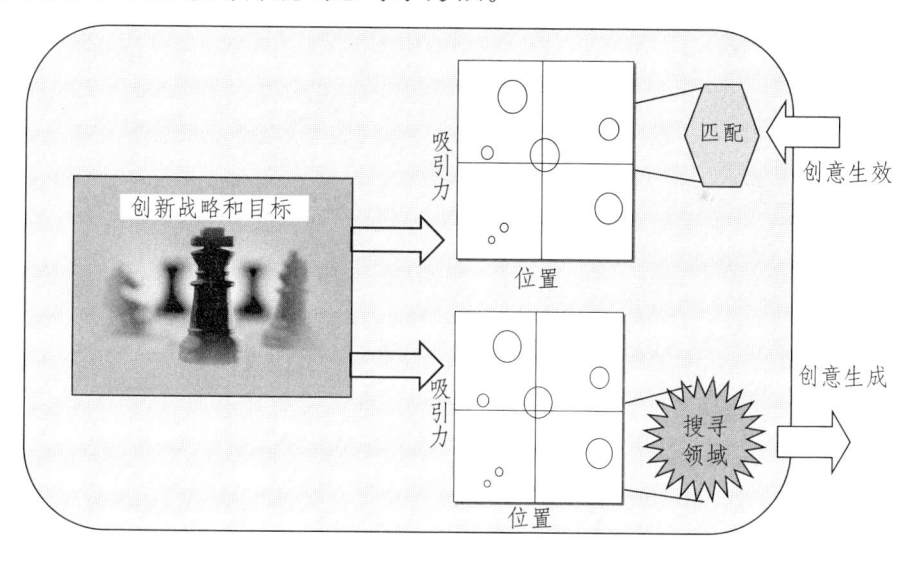

图2.2：明确的创新战略推动了创意生成和筛选。

创新战略的第二个关键是帮助确认或筛选创意。创新型企业通常会得到比自身资源可以负荷得更多的机会和创意。因此，筛选、排序和选拔优胜者对企业创新的成功至关重要。许多企业使用评分模式或创意选择标准排除淘汰的选项，将资源投入到获胜的创意中。但是，这样的评分系统的问题是：所提议的产品创意和企业的战略是否一致？该产品创意对企业的战略有多重要？如果企业没有一个明确的产品创新战略，人们在创意筛选会议上只会感到茫然困惑。如果企业没有明确的发展方向以及战略目标领域的范围，创意筛选团队无法筛选创意。

首先，本章列出支持产品创新战略的证据，即为什么企业和其领导层需要开发产品创新战略。其次，确定创新战略中的各个组成部分和制订战略的方法，即企业如何为新产品和进攻战略确定推动力。

什么是产品创新战略

产品创新战略是企业为整体的新产品工作制订的详细计划。它为企业的产品创新指明方向，同时也是新产品开发和企业整体战略之间的纽带。

如何定义产品创新战略？在现今商业背景下，战略是指"为了超越竞争对手或开拓发展机会，利用企业的资源和优势实施的计划"。具体地说，战略调整可理解为"企业产品市场环境的重新组合"。它与产品和市场规范密切相关，包括选择的目标市场和相对应的产品。

这里提到的企业战略指的是企业的总体战略，产品创新战略是企业战略的一个组成部分。企业和产品创新战略不是空泛的目标陈述或企业的愿景或宗旨，而是可操作的、有具体行动计划的战略。它包括明确的目标、战略重点领域、部署决策以及进攻和入市计划。

为什么要有产品创新战略

运作一个没有战略的创新项目就像打一场没有军事战略的战争。如果没有舵手把握方向，企业只能随波逐流，这样的结果往往不尽如人意。

如果新产品工作没有战略指引，企业将不可避免地做出一些临时的独立决策，新产品和研发项目也无法确认其是否适合企业发展的方向（例如，项目组合管理就变得几乎不可能了）。结果往往是，企业失去了焦点，资源投入在一些不适合的市场、产品和技术上。

针对新产品实践的一项研究发现，在开发和推出新产品过程中，最有可能成功的企业会根据其目标和战略，制订明确的产品创新的核心战略和具体的方案。另外，产品创新战略也能有效地确定市场和产品的机会。以下是产品创新战略和企业成功密切相关的原因："产品创新战略将新产品工作与企业目标联系在一起。它为创意或概念的生成，以及建立合适的筛选标准提供了侧重点。战略分析的结果就是企业一系列的战略角色。这些战略角色不会用来生成特定的新产品创意，而是用来确定新产品开发所针对的市场，并对市场需求和新产品创意的产生提供支持。另一方面，战略角色也为新产品的业绩评估标准提供了指导，同时，与战略角色关联的业绩管控也为新产品创意的筛选提供了更精确的方法。"

有一项对79家研发机构进行的研究列举了其中十个管理最佳的企业。列表中表现优秀的企业"使用正规的开发流程"，即门径管理系统。表现更加优异的企业会"协调长远的商业规划和研发计划"，这表明企业的新产品或研发计划需要与经营计划相结合。尽管采用这些做法需要优秀企业因地制宜，但研究显示，相比于绩效最差的企业，绩效好的企业更加愿意采取其中的方法。

本书第一章介绍的一项基准研究显示，企业应该具有缜密的产品创新战略，它是推动新产品成功的四个重要因素之一（见图2.3）。有明确的产品创新战略的企业（包括明确的目标、新产品任务、战略领域和优先顺序，以及产品路线图和长期目标）会得到更好的新产品业绩：企业会实现产品销售和利润目标；产品创新工作对企业会有更大的影响；产品在推出时可以获得更高的成功率。

图2.3：在新产品开发方面，绩效最佳的企业有明确的、缜密的产品创新战略。

产品创新战略的要素

产品创新战略的六大要素清晰地区分出了表现最佳的企业（见图2.4）。这些战略要素也为制订产品创新战略指明方向。它们为逻辑流程或"思维过程"提供基础，指导领导团队开发出有洞察力的产品创新战略（图2.5显示了流程）。企业需要了解这些要素的内容，以及它们为什么如此重要。

目标和角色：从目标开始！企业的产品创新战略明确了新产品工作的目标，指出产品创新将如何帮助公司实现其经营目标，也揭示出新产品和产品创新如何融入企业经营的整体计划。例如，"到2011年，新产品的销售额将占总销售额的30%"，这就是一个典型的目标。同时绩效目标还可以包含如下内容：推出新产品的理想数量、预期的成功率以及来自新产品的理想财务收益。

战略要素要有明确的目的，这是最基本的。但令人惊讶的是，许多企业的新产品工作都缺乏明确的、成文的目的。请注意图2.4中的平均值：只有38.1%的企业有明确的产品创新目标。相比之下，51.7%的绩效优异的企业说明了它们的新产品目标，而绩效最差的企业在这方面相当不足，只有34.6%的企业确定了目标。由此可见，清楚地列出产品创新目标是企业必须采取的措施。

另一个关键是明确新产品在实现企业经营目的中的作用,并将其传达给所有人(在图2.4中有所强调)。其意义是使得参与工作的每个人都有共同的目标和努力方向。然而,很多时候,从事新产品项目的人员并不了解企业的新产品目标,不清楚新产品在总体经营目标方面的地位。根据图中的数据显示,平均只有46.3%的企业明确传达了产品创新在实现其经营目标中的作用。在绩效最佳的企业中,58.6%会明确产品创新的作用,相比之下,绩效最差的企业只有30.8%这么做。创新战略的这一要素与新产品绩效最为相关,显然制订明确的创新战略是提高绩效的有效方法。

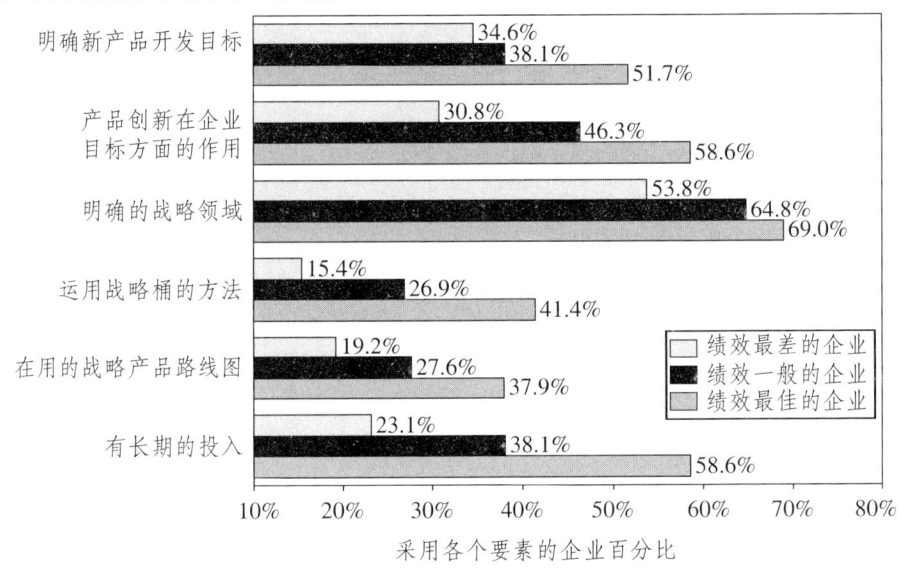

要素	绩效最差的企业	绩效一般的企业	绩效最佳的企业
明确新产品开发目标	34.6%	38.1%	51.7%
产品创新在企业目标方面的作用	30.8%	46.3%	58.6%
明确的战略领域	53.8%	64.8%	69.0%
运用战略桶的方法	15.4%	26.9%	41.4%
在用的战略产品路线图	19.2%	27.6%	37.9%
有长期的投入	23.1%	38.1%	58.6%

采用各个要素的企业百分比

图2.4:创新战略及其要素对企业绩效有很大的影响。绩效最佳的企业在各个要素上都比其他企业做得好。

领域和战略重点:产品创新战略的关键是有重心。产品创新战略明确企业要向哪里进军,或者更重要的是,不会向哪里进军。因此,战略领域的概念是新产品战略的核心。它包括新产品工作针对的市场、行业部门、应用程序、产品类型和技术。关键的战场必须明确！

在这方面，参与调查的企业总体上做得都不错。64.8%的企业为了集中它们的产品开发工作，规划了战略领域（见图2.4）。绩效最佳的企业和绩效最差的企业的达成率分别为69.0%和53.8%。总而言之，该战略要素与企业的绩效密切相关。

战略领域的划分，包括什么是"界限内"、什么是"界限外"，是阐明企业产品开发工作的方向或战略重点的基础。它在战略层面确定和评估产品创新的机遇。如果没有明确的战略领域，搜集新产品的创意或机遇都会变得漫无目标，就像机关枪随意扫射一样，新产品项目组合很可能充满大量无关的项目，分散在不同的市场、技术和产品类型上。新产品工作的成果也不会为企业带来盈利。

案例：杜邦公司的一个产品曾面临这一问题。公司在研发上投入了大量资金，但没有战略和明确的领域，研发缺少重心。高管层认识到了不足。他们首先确定了一些可能是"界限内"的领域（产品、市场、技术领域），根据市场吸引力和企业核心竞争力，评估这些领域，从中进行选择，开始将他们的新产品计划集中在这些选定的领域。

进攻战略和入市战略：如何进攻每个战略领域也应该是产品创新战略的一部分。例如，进攻战略可以是成为行业的创新者，利用新产品首先进入市场；也可以选择成为"快速跟随者"，快速复制和改进竞争对手的产品；其他战略还包括低成本战略、差异化战略和小众路线战略。也可以选择强调某些优势、核心竞争力或产品属性的战略。此外，企业必须制订入市计划，包括内部产品开发、许可、合资、合作、联盟甚至收购其他公司。

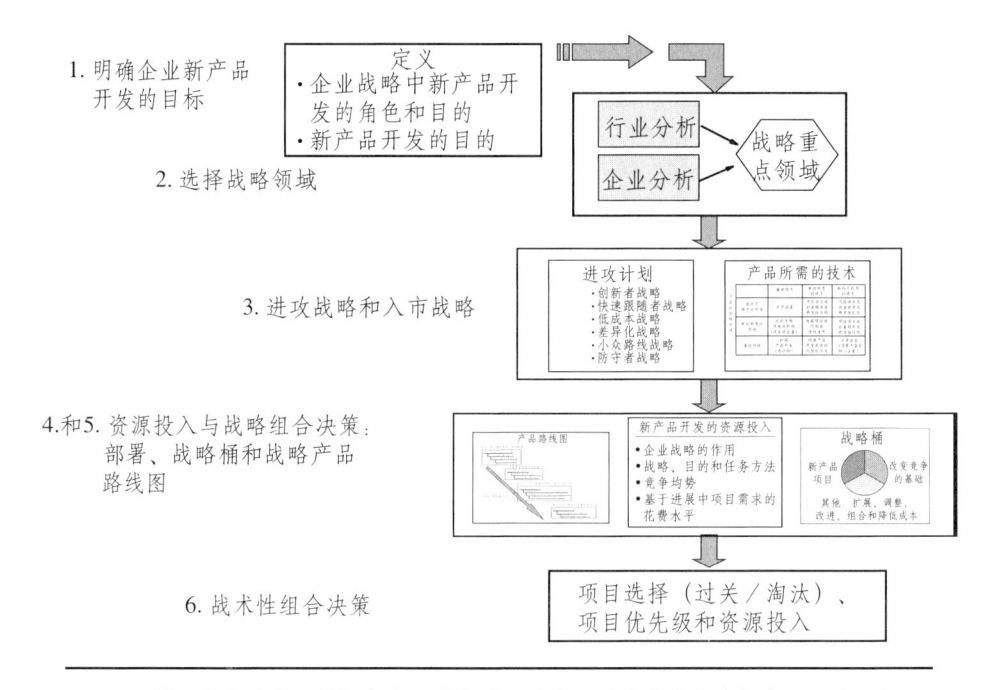

图2.5：制订企业的产品创新战略，首先重要的步骤是明确企业的新产品开发目标。

部署——支出投入、项目优先级和战略桶：只有企业投入了资金，战略才会变成现实！因此，产品创新战略必须包括在产品创新上投入多少资源。它需要根据企业的战略重点领域，表明相对的重点或战略优先顺序。产品创新战略的一个重要方面是资源的投入和分配。资源的标记桶（即针对不同项目类型所投入的资金或每人每日的工作量）有助于确保产品创新与整体经营目的的一致。

许多一流公司使用战略桶的概念，帮助其做出部署决策。但是平均只有26.9%的企业在这方面做得不错，战略桶的使用仍然有待加强。绩效好的企业中有41.4%采用战略桶的战略，而绩效较差的企业采用战略桶的比例只有15.4%。显而易见，战略桶是一个好方法。

战略产品路线图——主要措施和平台发展：战略路线图是制订进攻战略中主要措施的好方法。路线图能从管理团队的角度出发，帮助他们实现理想的目的。

因此，产品创新战略应该规划出进攻的措施，即推出主要新产品的计划及时机。这是在某个市场或部门取得成功所必需的，而且应采取战略产品路线图的形式。路线图还可以说明新产品所需开发的平台。此外，新技术的开发和购买可以用技术路线图的样式表示出来。

大多数企业通常不擅长使用战略产品路线图，只有27.6%的企业可熟练开发产品路线图。绩效好的企业使用产品路线图的比例大概是绩效差的企业的两倍（37.9%比19.2%）。

一旦完成这五个战略步骤，管理层就可以处理下一级的决策：将战略转化为现实，即制订战术决策。

战术——个别项目选择：战术决策应集中于个别项目，但要遵循战略决策。战术要解答的问题是：应该开展什么具体的新产品项目？如何为每个项目分配资源？它们的相对优先级是什么？即使产品路线图（如上所述）已经被勾勒出来，但它仅仅具有理论上的指导意义。企业仍然需要考虑每个项目的实际情况，决定它是否真的过关。虽然资源投入分配（也称为桶）可有效地指引方向，但仍然需要管理层做出具体项目的决定。第八章会更多地讨论相关的战术决策，以及如何挑选合适的项目。

设定企业产品创新工作的目标

明确产品创新战略的目标至关重要,但目标必须满足SMART的要求:

- 具体的(Specific)。企业的创新目标应该非常清晰和具体。例如"在2010年,我们企业的创新目标是新产品销售额达到4000万美元。"
- 可测量的(Measurable)。目标必须是可操作、可衡量的,因此企业可以把它们作为衡量绩效的标准。
- 有行动导向的(Actionable)。目标必须能够号召企业中的每个人采取行动,而不是一些措辞含糊的愿景或声明。例如,"成为我们行业中创新领域公认的领导者",这是含糊的、不具体的、不可测量的目标,企业员工无法根据它采取行动。但是,"在接下去的五年推出价值1000万美元的五大新产品"则是一个切实可行的创新目标。
- 切合实际的(Realistic)。目标必须有"挑战性",但最重要的是切合实际。一些目标毫无意义,例如"我们计划将新产品的销售额增至三倍",企业中的每个人都知道这无法实现。与此同时,目标应该具有一定的挑战性。
- 有时限的(Time-frame)。目标必须有一个时间框架,明确指出完成的时间。

此外，企业的产品创新目标应该将企业的创新计划与其经营战略结合起来。

典型的产品创新目标

企业的产品创新目标通常有侧重点，即企业的新产品工作在实现其整体目标中将会发挥怎样的作用。请看下面的一些示例：

● 企业在第三年的销售额中，有多大的比例来自这三年期间推出的新产品。（三年是一个普遍接受的、可将产品视为"新产品"的时间跨度。虽然根据当前的商业节奏，两年可能会更适合一些企业。市场更新率比较慢的行业经常以五年为时间跨度）。

● 绝对销售额——第三年来自新产品的销售额，而不是百分比。

● 企业在第三年的利润中，有多大的比例来自该时间段内推出的新产品。这里也可以使用绝对销售额而不是百分比。

● 战略作用，例如保持市场份额、采用新技术、在新市场中立足、开发新的技术或市场机会、利用优势或资源，或拓展到高增长领域。

● 要引进的新产品数量。例如，"未来五年，我们计划推出十大主要新产品"。这里必须定义什么是"主要新产品"。

案例：在某家制造企业中，总经理有一个非常明确的产品创新目标："15和5"，这意味企业在未来的5年内，要推出15个主要新产品。这个陈述简单的目标已经成为企业中每个人的口号，这为企业提供了非常清晰的、可衡量的目标。

如何设置企业的产品创新目标

目标设置通常从对整个企业的战略规划开始，包括决定企业的增长和利润目标以及总体战略。通过缺口分析的方法，企业目标和重心通常会转化为产品创新的目标。缺口分析一般会包括两部分：

- 根据企业的总体经营目标，预期未来3~5年内的销售额（或利润）是多少。
- 基于当前的产品线和企业的现有战略，预计的销售额（或利润）可能是多少。这相当于企业对当前的产品、生产线及其生命周期曲线做出预测。

通常在两个预测之间存在差距。可采用下列方法缩小差距：新的产品、新的市场、新的业务、开发市场或增加市场份额。每一项工作都需要确定目标，包括产品开发。图2.6显示了如何将总体增长目标转换为新产品的目标（区别于其他增长来源的目标），然后根据项目类型、产品线和细分市场设定具体的销售目标。

案例：朗讯科技公司(Lucent Technologies)根据当前产品和产品类别绘制了销售预测。从这项工作中朗讯的管理层发现缺口，意识到需要新产品填补这个缺口，由此确定了他们的新产品目标。

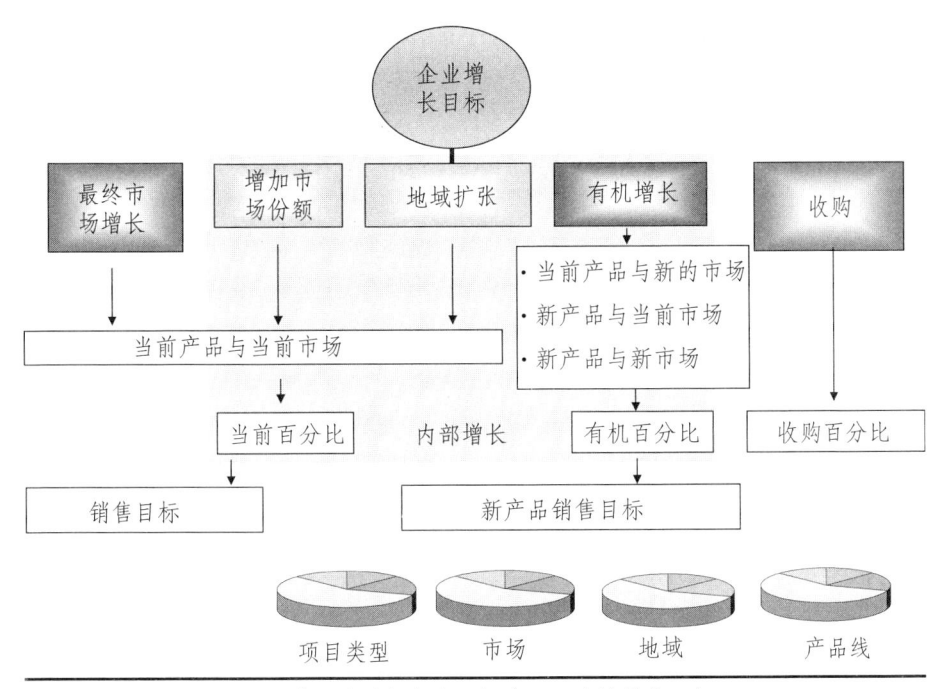

图2.6：使用战略框架定义新产品开发的销售目标，
通过项目类型、市场和产品线确定具体的新产品销售目标。

明确企业的目标领域

明确的战略领域为企业的产品创新工作提供了重要的指导。正如乔治·达伊指出的，"企业需要的是一份战略说明，其中指出企业要开发的领域，并确定（或者排除）那些界限外的领域。"这些领域为资源的投入和部署提供了方向。它们会引导新产品创意的搜寻工作，也可以帮助创意的筛选和项目的选择。最后，要界定企业新产品工作的重心。这

43

对于企业的长期规划至关重要,特别是在资源和技能获取方面。

明确目标领域可以回答如下问题:企业会将新产品工作集中在哪些业务、产品、市场或技术领域?图2.7显示的是我们推荐的一个通用的方法或思路。

1. 战略分析——评估企业所在的市场及自身。
2. 制订全面的、包含潜在的重点领域的列表。
3. 削减该列表——评估各个目标领域的机会并做出选择。

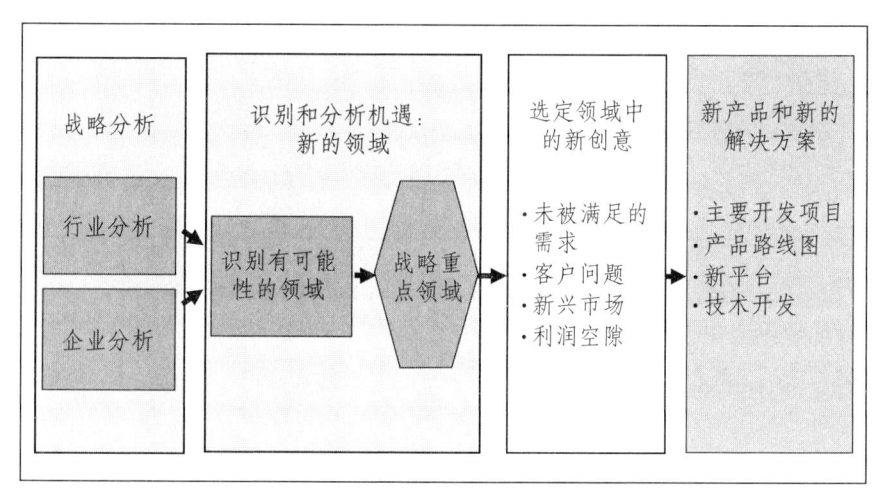

图2.7:企业可沿着这个思路确定并选择战略领域,即企业应该集中在哪些领域,寻求新产品机会和突破性创意。

一旦确定了目标领域,企业就可以开始寻找机会和主要的开发项目,即深入到选定的领域,寻找未被满足的市场需求和客户问题,发现可提供利润的新兴领域和市场空隙。

步骤1——战略分析

战略分析的目的是确定有前景的市场、技术或产品领域。这些可能成为企业集中其产品创新工作的候选领域。主要的行动包括：

- 市场和行业评估。这是企业外部的重点分析。企业可以评估潜在的市场和技术，深入了解它们的相对吸引力和潜力，确定潜在的威胁和机会。
- 企业分析。这是聚焦内部的企业分析。它的目的是确定企业可以利用的核心竞争力和优势。

评估企业所处的行业和市场

进行市场和行业的趋势分析：分析企业所处的市场（它们的大小和盈利能力怎样？），预测未来的趋势、市场规模和变化。查看正在发生的趋势：阐明企业所处的市场和行业的前景（或替代方案）。企业要寻找所处行业和企业客户所处行业中可能出现的技术突破，也要寻找可以利用的机会（或威胁）。

分析细分市场：在企业所处的市场中，有哪些不同类型的客户和用户？他们有多大的差异？各个细分市场有多大？前景怎样？企业是否有机会进入这些市场？

绘制企业的价值链图：确定主要的参与者（包括竞争对手）。预估他们的前景和可能改变的角色。谁在获利？谁可能被取代？为什么会获利或被取代？

查看企业所处的行业结构：确定并评估企业的直接和间接竞争对手。谁成功了？谁失败了？为什么成功或失败？他们的战略是什么？哪些战略可能有效（或不那么有效）？企业可以从中得到什么教训或机遇吗？

了解客户所处行业的驱动力：确定客户的关键驱动因素，查找这些驱动因素可能发生的任何变化。评估哪些因素会使客户获利，思考这些因素和驱动力是如何变化的，它们可能为企业带来怎样的机会。企业是否能获得一些新的解决方案帮助企业的客户？

确定企业可以在哪里获得利润：确定企业所处行业和价值链中的利润池（以及企业为何没有获得其应得的利润份额）。例如，制订利润池图和市场图，显示哪些企业在行业、市场或价值链中获利。

案例：一家制造高端合成厨房台面的公司对其下游价值链进行分析，发现台面的安装涉及很多参与者：制造商、制造车间、厨房设计者、零售商和安装者。制造商惊讶地发现，大部分利润流向了价值链中的其他成员。例如，制造车间不仅切割台面，而且常把台面的轮廓边缘设计成多层的形式。这是高端安装所需的特征，非常昂贵。因此，制造商决定取得对分销渠道的控制权，获得公平的利润份额，并引入新的模制产品，以此获得一部分本应由制造车间得到的附加价值。

寻找市场中的缺口或漏洞：确定那些可能未被满足的或被忽略的领域。使用波特的五力模型评估这些领域的吸引力，主要考查以下几个要素：

- 供应商的能力。
- 潜在竞争对手的力量和强度。
- 客户的力量。
- 参与者进出市场的容易度。
- 替代品的威胁。

这项战略分析不仅要确定潜在的新机会、企业可能聚焦的新兴领域，还应提供有效数据，帮助企业评估和选择适合其发展的领域。

评估突破性技术的影响：确定潜在的突破性技术和阶段式创新。什么是突破性技术？大部分的新技术可以提高产品性能，这些可能来自渐进式创新，或者更彻底的创新。大多数行业中的技术进步都是可持续的，但是偶尔会出现突破性技术，而且创新至少在短期内会引起性能的下降。如果用传统的绩效指标衡量，这些技术可能劣于现有的技术，但是它们为市场带来了新的性能维度或新的价值主张。因此，企业需要评估这些技术是否会为自身带来机会（或威胁），企业应该如何应对这些技术。

确定企业的核心竞争力

此战略分析的下一部分是内部评估，即审查企业自身，确定企业自身可以利用的优势。"从有力位置发动进攻"的战略也适用于产品创新的过程。许多研究反复验证了这一要点：利用企业自身优势和核心竞争力能提高成功率和新产品的盈利能力。因此，企业需要认真审查自身，评估其核心能力。

企业的核心竞争力是指它比竞争对手做得更好的方面。核心竞争力对于企业开发具有竞争优势的新产品和服务至关重要。根据普拉哈拉德和哈默尔(Prahalad and Hamel)，核心竞争力具有三个特征：

- 它可以被广泛地用于许多市场上。
- 它应该对客户利益做出重大贡献。
- 竞争对手应该很难模仿。

这意味着要考察企业所有方面的优势和劣势，以及和竞争对手间的差距（见图2.8）：

竞争对手 （市场份额）	优势和劣势	核心竞争力	战略目标	客户认知的 价值定位
企业自身(%)				
竞争对手A				
竞争对手B				
竞争对手C				
竞争对手D				

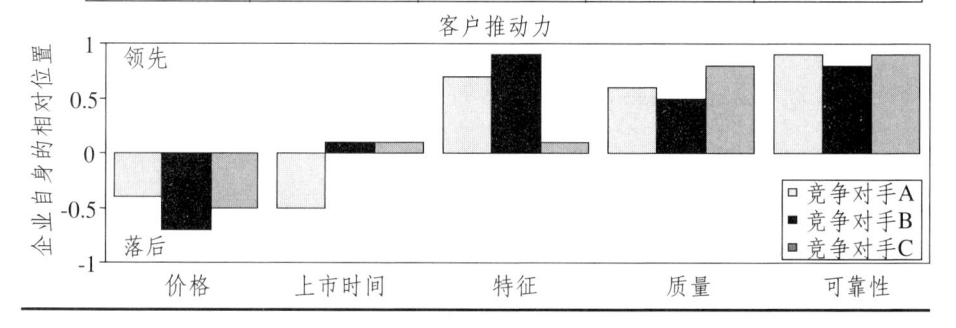

图2.8：此图是评估企业核心竞争力，衡量其与竞争对手在某些方面差距的指南。

- 企业的营销和销售团队的能力、品牌名称、与客户的关系、分销网络、销售团队和技术支持的优势。

- 企业的产品及其技术——产品质量和设计、独特或专有的技术、行业机密和专利。
- 企业的运营或生产能力、性能和技术。

评估企业自身在每个项目上的表现，对比企业直接和间接的竞争对手，确定企业的核心竞争力，最后找出那些能够让企业利用其竞争力的领域。

步骤2——定义领域……但什么是战略领域

企业所处的行业和市场、经营的业务、企业评估（如上所述）都有助于识别和明确企业潜在的重点领域。例如，企业的市场分析可以确定新的细分市场或新兴的需求，即新的领域。同样，企业的价值链和行业评估也可以显示新的机会和领域。在进行核心能力评估时，企业要考察邻近领域，即企业可以开发的邻近市场、产品类型或技术，同时也可以利用企业现有的优势。

首先确定如何定义"战略领域"。战略领域是市场吗？是产品类别吗？还是一项技术？或者包括所有这些？企业可以建立以"产品"和"市场"为维度的产品市场矩阵。它有助于企业识别和确认新的业务领域，这也是一种备受推崇的方法，如图2.9所示。企业可以根据这些市场中的需求开发市场和产品，这些可以利用的机会即称为战略领域。

案例：挪威主要的一家电话公司Telenor，使用产品市场矩阵标明它的战略选择，明确要集中的新产品工作领域。矩阵的一个维度是市场，包括家庭办公室、中等企业、住宅区域等（见图2.9）。另一个维度是提供的产品或产品类别，包括语音、流量、互联网、无线等。这个5×5的矩阵标识了25个格，每个格都是可能的领域。有些不可行的领域立即被排除。企业评估剩余的单元格，确定优先顺序，大力将产品开发工作集中在最优先的"明星"领域。

	语音	流量	互联网	无线	长途
家庭办公室			★	★	★
中等企业		★		★	
大型企业		★		★	
跨国公司		★		★	★
住宅区域	★			★	

- 表格的横轴和竖轴分别指代"产品"和"市场"。每个单元格代表潜在的战略领域。
- 企业会评估每一个领域的潜力和公司经营的位置，将新产品工作集中在标有优先级的领域。

图2.9：创建产品市场矩阵，按照左侧不同的市场对产品进行分类。每一个格都是企业可以考虑的潜在领域，可以集中其新产品开发工作。

产品市场矩阵可以更进一步地在三个维度上定义企业的业务或战略领域。

1. 针对的客户群：对于一家计算机制造商而言，客户群包括银行、制造商、大学、医院、零售商等。

2. 针对客户需求：包括硬件设备、支持和服务、软件等。

3. 使用的技术：对于硬件的数据存储，可以利用数字平台、内存盘、光学媒体这样的技术。

综上所述，企业可以得到一个三维图，企业可以在三维空间中找到新产品的领域。

一项创新章程的研究指出管理人员可以用集中方法明确新产品领域。例如，对一家工业泵制造商而言，领域可以分为：

● 产品类型（例如，高压工业泵）。
● 最终用户（化学品处理商或工厂）。
● 使用的技术类型（例如，往复式、离心式泵技术）。
● 最终用户组（例如，炼油厂）。

回顾上述明确业务领域的方法，我们发现，单一维度的确认新产品领域的方法可能过于狭窄。将图2.9的方法稍加改变，一个二维或三维的方法可能更适合大多数企业。例如，可以根据以下三个关键维度定义新产品的领域：

● 服务谁：要服务的客户群体（市场或细分市场）。
● 服务什么：用途（或要满足的客户需要）。
● 如何服务：用于设计、开发和生产产品所需的技术。

这三个维度——服务谁、服务什么和如何服务——是描述新产品领域的起点。有时，后两个维度，服务什么和如何服务，可以简单地组合成一个维度，即产品类型。

明确领域：一个详细的例子

仔细观察企业是如何寻找战略领域并决定其先后顺序的。企业可以采用二维图或三维图进行搜寻和评估工作，也可以使用图2.9中的产品市场矩阵，或者任何适合的维度。此处例子使用了客户群体、用途和技术这三个维度，即图2.10中的X、Y和Z轴。企业确定了当前领域，然后沿着各个轴通向其他（但相关的）领域的客户群体、用途和技术，由此寻找新机会。

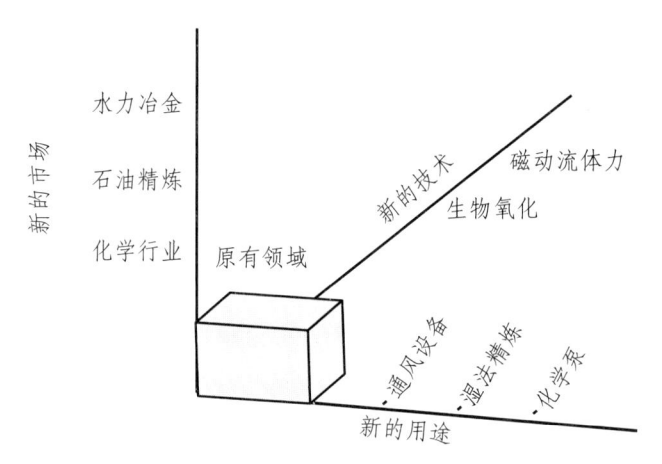

- 原有领域是指当前市场、当前技术和当前用途（图中的立方体）
- 企业可以从当前领域向各个方向移动——新的市场、新的企业和新的用途

图2.10：在Chempro的例子中，企业使用了"市场、用途和技术"的三维图明确潜在的战略领域。

案例：Chempro是一家中型的纸浆和造纸加工设备（搅拌器和搅拌机）制造公司。公司的主要优势是擅长设计并制造旋转液压设备，例如厨房搅拌机。企业针对的是纸浆和造纸工业，所生产的产品可用于搅拌液体和浆料。

如图2.10中显示，企业的现有领域用一个立方体来表示。

该企业有哪些新产品领域呢？显然，当前市场是其中之一。该公司积极地在纸浆和造纸领域里寻求搅拌设备的新产品创意。但大多数机会仅限于产品的修改和改进。

高管层可以采纳的一个方向是开发针对相关的新客户群的产品。这些邻近的客户群包括化学、石油炼制和水力冶金领域（见图2.10的竖轴）。

类似的，企业也可以寻找相关用途的新产品。这些相关用途包括流体泵送、流体通风装置，以及精炼和研磨（见图2.10的横轴）。

管理层可考虑这两个维度，根据不同的用途和不同的客户群确定一些新的领域。企业从得出的二维矩阵（见图2.11）中发现，除了原有领域，还可以考虑在其他13个领域开展新产品工作。例如，Chempro可以开发针对化学或石油工业（新客户群）的混合搅拌设备（相同用途）。或者，企业可以开发针对其当前客户（即纸浆和造纸公司）的通风设备（新应用）。每一个可能性都代表了Chempro的一个新领域。

Chempro公司也可以在第三个维度上移动，即从它原有的旋转液压技术移动到其他技术。如果在第三维度上技术的选择有重叠，那么结果会是更多可能的领域。沿着"新技术"轴，企业可以选择开发用于不同终端用户的磁流体动力泵和搅拌器、用于食品行业的生物氧化或废物处理等。

Chempro管理层认为他们当前的技术是自身的优势，从而简化了他们的选择，他们认为冒险使用新技术是不明智的，而且对于一家中型企业来说也过于昂贵。因此，企业将领域的选择简化到两个维度，即图2.11所示的市场和用途（请留意，图2.11与图2.9产品市场矩阵的相似性）。

	纸浆和造纸 （原有领域）	化学处理行业	石油炼制	水力冶金
搅拌器	纸浆和造纸行业的搅拌器	化学搅拌器	石油储存罐的搅拌器	水力冶金的搅拌器
通风设备	纸浆和造纸的通风设备；废物处理	化学废物处理工厂的通风设备	化学废物处理工厂的通风设备	浮选槽的通风设备
湿法精炼和研磨	碎浆机、精炼机			湿法精炼设备
专业管道	高密度纸浆泵	专业化学泵	专业石油泵	泥浆泵

图2.11：Chempro的管理层将其战略领域的选择简化为二维矩阵——市场和用途，基于原有领域，确定了13个潜在的领域。

选择正确的领域

现在要做的就是将许多可能的领域缩减到一组，即企业可以专注创新战略的领域。在一定程度上，这些领域已经预先被筛选了，因为它们在三维图中的至少一个维度上，与原有的业务相邻或者相关。

要选择正确的领域，企业可以重点观察两个主要标准，即"领域吸引力"和"企业优势"（见图2.12）。我们对新产品战略的研究也证实了这一观点。

	高风险选择	最好的选择
非常好	领域内有很多机会，但是企业没有可以利用的优势	领域内有很多机会，并且企业可以利用其自身优势
不好	不要选择 领域既不基于企业的优势，也不提供好的机会	保守的选择 可以利用企业的优势，但是机会不多

（纵轴：领域吸引力；横轴：企业优势，不好 → 最佳）

图2.12：用两个关键维度评估各个领域：领域吸引力和企业优势。
在图中定位各个领域，得到企业的战略图。

领域吸引力：这个战略维度显示在该领域内，外部机会的吸引力有多大。是这个战略领域非常肥沃，新产品很有可能盈利吗？还是说这个领域比较贫瘠，没有什么创新和增长的机会呢？这个维度包括：

- 市场吸引力：在该领域内，市场的规模、增长和竞争性；
- 技术机会：在该领域内，技术和新产品机会存在的概率。

在实际操作中，领域吸引力是综合指数。它包括用一些具体的标准评估领域，以了解新产品市场的增长、规模和潜力。通常，企业会根据这些标准评估每个领域，汇总得分，得出领域吸引力指数。在该吸引力维度上得分较高的领域通常是：规模大的、成长中的、有很大潜力的、竞争性较弱的、有盈利机会的、有不断变化的技术的、有很多新产品推出的、有积极的技术弹性[①]的（在研发上投入巨人的）。

[①] 技术弹性是技术 S 曲线的斜率，而这个曲线描绘了产品性能与企业为此投入的开发成本之比。技术弹性可以帮助企业明确一个问题：在该领域中，产品开发的投入会带来产品性能的明显改善吗？

企业优势：这一战略维度更专注于自身，主要指企业在某个特定领域取得成功的能力。换句话说，企业怎么表明它将会在这个领域里取得成功？这里关键的理念是：在新的领域中，企业要利用其核心竞争力获得独有的进攻位置。企业优势也是一个综合指数，包括以下三个因素：

- 利用企业的技术（开发和运营）能力。
- 利用营销和销售团队的能力。
- 战略性地利用潜力实现产品差异化，获得竞争优势的能力。

如果领域是以企业特有的核心竞争力为基础，而且与企业的营销、技术优势和资源相契合，可以帮助企业获得产品和竞争优势（或实现产品差异化），那么该领域在企业优势这一维度上将会得分很高。

规划战略领域

各个领域在两个维度上的得分可以用"领域图"表示出来，如图2.12所示。它的竖轴是"领域吸引力"，横轴是"企业优势"，结果将图分成了四格，这与传统的业务组合模型类似，但是有不同的维度和组成部分。

每一格都代表了不同类型的机会（见图2.12）：

- 最好的选择——它们代表了积极的外部环境和企业优势。显而易见，它们是企业最理想的选择。
- 不要选择——这些领域既没有好的外部机会，也没有利用企业的优势。企业不要选择这些领域！
- 高风险选择——它们非常有吸引力，但企业在该领域中没有可以利用的优势。

- 保守的选择——这些是企业有优势的领域,但新产品开发和增长的机会不多。这些领域没有很大的风险,回报也有限。

管理层运用该战略图可以马上排除一些领域(即"不要选择"的领域),并从其他三个领域中选择合理的领域组合。"最好的选择"通常是最优的项目。

评估Chempro的领域:接下来,企业的管理层根据"领域吸引力"和"企业优势"这两个关键维度评估图2.11中的13个领域和企业的原有领域。他们通过评分问题列表对各个领域做出评估,给出评分。将每个评分加起来,得出14个可行领域的"领域吸引力"和"企业优势"指数。基于这两个指数,可以将14个领域在X-Y坐标图上绘制出来,得到Chempro的战略图,如图2.13所示。

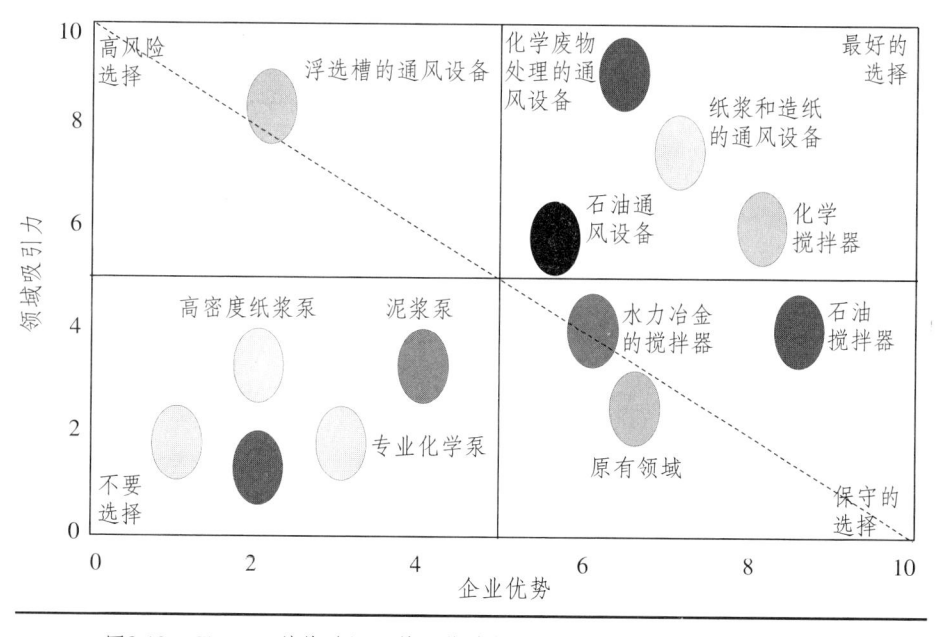

图2.13:Chempro的战略图及其可能的领域。管理层使用评分问题列表,在两个维度上(领域吸引力和企业优势)从0到10对各个领域做出评估。

选择领域

战略领域的选择取决于管理层认可的风险回报价值。企业只应选择战略图上半部分的那些领域——最好的选择和高风险选择，因为它们都强调了外部的机会。高风险选择会产生高回报，但风险也会更高，因此最极端的高风险选择没有考虑"企业优势"的维度。另一个极端的选择是竖轴最右侧的保守的选择。保守的选择强调企业擅长的那些领域，是一种低风险、低回报的战略。在理想情况下，企业会把两者结合起来。

在Chempro战略图中，六个领域在两个维度上都得分较高。为了确定领域的数量并将其排序，企业绘制了一条45度对角线，如图2.13虚线所示。位于这条线右上侧的领域被认为是好的，而左下侧的领域是企业不予考虑的。计算每个领域与该线的距离，距离越大，该领域越理想。基于这个方法，三个"最好的选择"和一个"保守的选择"被确定为Chempro的目标领域：

- 化学行业的通风设备（废水处理）。
- 石油行业的搅拌器。
- 化学工业的搅拌器。
- 纸浆和造纸行业的表面通风设备。

此外，管理层决定继续在原有领域开发新产品。

通过战略图的方法，企业确定战略领域，即新产品开发的领域，也是企业新产品开发中的"搜寻领域"。如图2.14所示，所有的员工，包括营销、销售团队、研发、高管层，每个人都有寻找新产品的机会。企业需要尽快开展其构思和创意阶段。

构思阶段

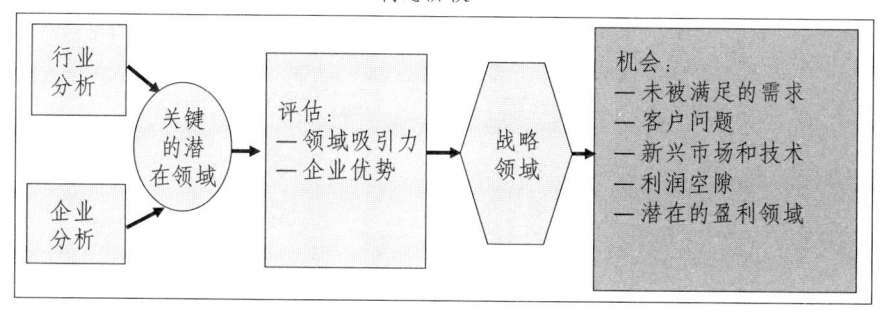

```
行业分析 ─┐
          ├─→ 关键的潜在领域 ─→ 评估：  ─→ 战略 ─→ 机会：
企业分析 ─┘                    ─领域吸引力   领域    ─未被满足的需求
                               ─企业优势              ─客户问题
                                                     ─新兴市场和技术
                                                     ─利润空隙
                                                     ─潜在的盈利领域
```

- 一旦确定了战略领域，企业可以开始集中搜寻新产品的机会和创意。
- 动员企业中的每一位员工寻找未被满足的需求、客户问题、新兴市场和技术、利润空隙和潜在的盈利领域。

图2.14：企业确定领域之后，需要确定主要的新产品机会和潜在的突破性的新产品项目。

企业的产品路线图

产品路线图是企业的产品创新战略的逻辑延伸。什么是路线图？它是从管理层的角度出发，显示如何实现期望目标的图示。产品路线图是有用的工具，能够帮助高管层确保企业有足够的能力达成目标。因为路线图常常包括对未来的发展项目设置的"地标"，所以它也被认为是一种战略性构思的形式，即将战略转化为具体的项目。路线图解答了这个问题：根据企业的产品创新战略，它需要开发或获取哪些主要的新产品、新平台和新技术？

企业的战略产品路线图根据时间顺序明确了企业要开发的主要新

产品和平台。例如在图2.15中，Chempro的产品路线图不仅列出了主要产品的上市时间，还明确了开发这些新产品所需的平台（参见下框中"平台"的定义）。

技术路线图源自产品路线图，从技术上说明了企业如何抵达目的地。它阐述了在企业的产品路线图中落实（开发和采购）产品和平台所需的技术和技术能力。技术路线图是产品路线图在逻辑上的延伸，两者密切相关。实际上，在朗讯科技公司，这两者结合成为产品技术路线图。它帮助管理层将经营战略、产品计划和技术开发连接起来。（请注意，在一些行业中，"技术路线图"是用于描述行业技术前景的术语。我们所说的技术路线图是它原本的含义，即企业主要的技术项目规划。）

平台：可以操作的基地

现在，许多企业都将平台作为一种思考产品开发战略重点的方式。平台的原始概念很大程度上是基于产品的。例如，产品开发管理协会(PDMA)将产品平台定义为"产品系列中的一组产品共享的设计和组件。从这个平台可以设计出很多的衍生产品。"因此克莱斯勒将其轻型车(K-car)生产的发动机变速器变成一个平台，衍生出大量的其他车辆，包括有名的克莱斯勒迷你面包车。

后来，平台的概念得以扩大，技术能力也被视为一种平台。例如，埃克森美孚的茂金属平台只是一种催化剂和与其相关的聚合技术，但它已经产生了全新一代的聚合物。因此，一个平台就像企业大量投资到一个在海洋中的石油钻井平台。基于这个平台，企业可以相对快速和低价地钻出很多孔。

而今，平台的定义也已经扩大到营销或品牌概念。例如，有些人认为3M的便利贴是一种营销平台，而且衍生了许多单独的产品。

在企业的战略产品路线图中，开发项目的具体要求通常写得比较宽泛。通常一些名称，诸如"为阿特金斯食品市场提供的低碳水化合物啤酒"或"用于航空航天工业的陶瓷涂层钻头"或如图2.15所示的"低功率石油搅拌机"等，用来指代这些项目。对于尚未定义的项目，一般方法是用标记指代它们。产品路线图就是为了提供方向和战略，而不是提供详细的产品和项目的定义。随着每个项目从创意到推出，项目和产品变得越来越具体和明确。

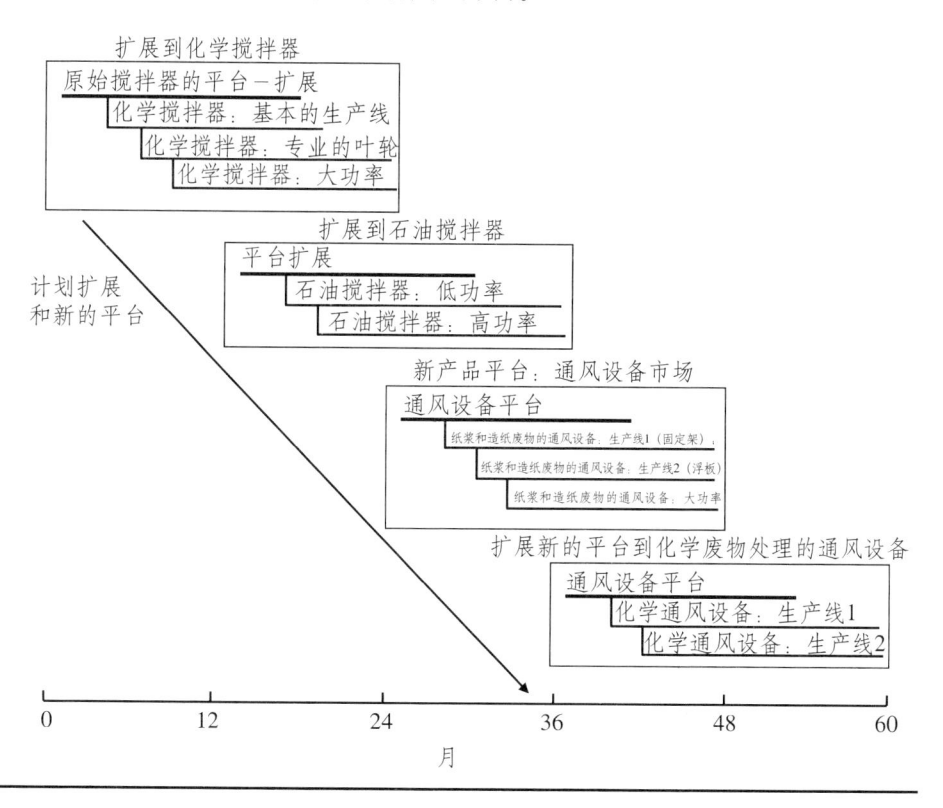

图2.15: Chempro的管理层将其战略领域中的发展计划按时间顺序在产品路线图中标注出来。

如何制订战略产品路线图

企业的产品路线图来自产品创新战略。企业产品路线图的规划是一项综合性的工作，包括图2.16所示的各项战略投入。

战略评估：将企业的产品创新战略转化为具体的开发计划。当企业将战略领域视为首要任务时（例如在Chempro的例子中，即纸浆和造纸行业的废物处理设备和通风设备），企业可以从中得出产品和项目的列表，而该列表对于企业进入这一领域并获得成功非常重要。

案例：一家主营卫生保健产品的公司将"伤口护理"确定为它的一个优先战略领域（虽然该公司已经在这个医疗保健行业销售了几个产品，但在这个市场中是一个次要的参与者）。然而，当"伤口护理"领域成为它的首要任务后，公司需要什么样的产品打入这一市场就变得相当清楚。而且，用于开发这些产品的程序就合乎逻辑地出现在战略产品路线图中。

回顾企业现有的产品组合：企业需深入了解当前产品，确定哪些产品是过时的，哪些应该修改，哪些应该更换。对产品生命周期的预测往往显示了企业是否需要或何时需要更换产品，当某些产品陈旧时，企业甚至可能需要新的平台。此外，这还帮助企业识别产品线中的缺口。由此，企业可以在产品路线图中插入路标，指代这些需要开发的地方。

竞争力分析：和竞争对手比较起来，企业的产品和产品线处于哪个位置？企业需要评估分析竞争对手当前和未来可能推出的产品、它们的优势，以及企业和它们之间的差距；预估竞争对手的产品路线图，预测他们将推出什么新产品以及时间点。通过这一分析，企业常常能发现现在或未来对于新产品的需求。

技术趋势评估：回顾企业的技术，预测并思考企业需要开发哪些新技术和平台以及何时开发。例如，每一次新的电话技术的更新都意味着手机制造公司和服务提供商需要启动多个开发项目。

市场趋势评估：观察企业的市场预测，回顾主要的市场趋势和变化。在这个方法中，企业通常能够针对明显的趋势确定需要采取的具体计划。例如，在食品行业中，企业开发出了一系列营养丰富的"健康"食物。

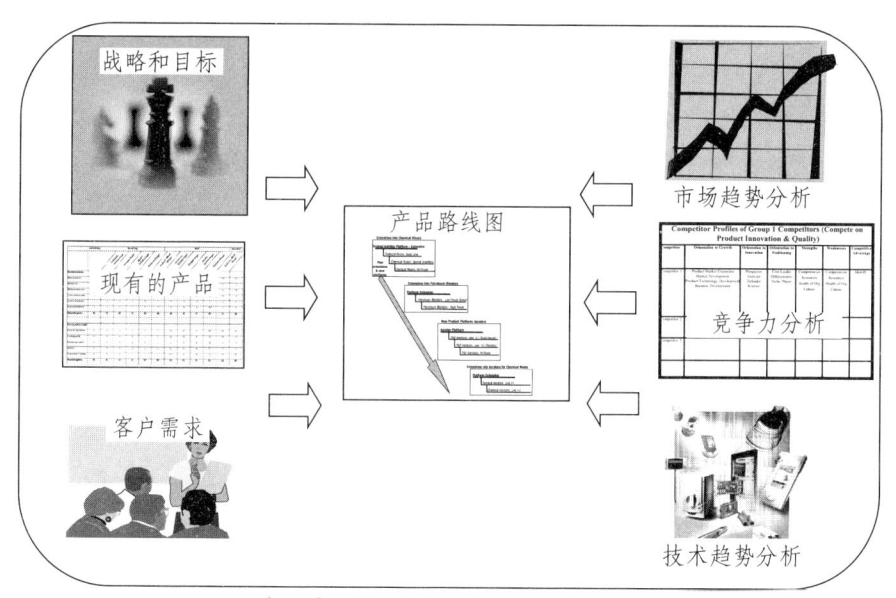

图2.16：产品路线图概述了企业今后的主要发展计划。
制订路线图需要许多投入，该图显示了其中的一些投入。

在路线图中加入平台开发

企业通常会在战略产品路线图中明确新的和现有的平台。例如，将某些市场确定为战略领域，并且为了在这些市场领域中获胜，企业需要考虑哪些新的技术平台。

Chempro的路线图：Chempro的管理层将其战略转化为图2.15中的产品路线图。他们的路线图可概述为：为了在战略目标领域获胜，企业需要的主要新产品项目、平台以及推出的时机。例如，企业最优先考虑的是将当前的搅拌机和搅拌器平台扩展到化工和石油工业。在没有拓展的可能性后，企业的下一个计划是优先考虑在目前的纸浆和纸制品行业中建立新平台，基于这个新平台开发一系列高效的表面通风设备。如图2.15中的路线图所示，Chempro考虑将这个新平台扩展到路线图中的化学废物处理等。

让产品创新战略有效运转

构思：搜索产品创意

产生绝佳的新产品创意和制订产品创新和技术战略在很大程度上是重叠的。如图2.1所示，搜索产品创意被称为产品创新过程中的构思阶段。事实上，发展中的企业将大量的战略开发纳入其构思阶段：搜寻产品创意始于对市场（或企业的客户所处行业）的战略分析，并基于对企业自身核心能力的评估。它的目标是帮助企业寻找市场中的缺口、新兴领域、新技术、新的平台和未明确的需求。

企业的产品创新战略有助于企业建立构思阶段。例如，对企业所处行业、市场、技术、价值链和核心竞争力进行的评估肯定有助于企业识别新市场、新产品，甚至新业务的机会。这项工作也是企业制订战略产品路线图的主要内容，如图2.15所示。

此外，明确新的产品领域可为创意搜索工作提供指导（见图2.13）。那些负责搜索新产品创意的人在掌握了企业的目标领域后，清楚地了解应该在哪里展开工作，即搜寻领域已经明确。此外，寻找未被满足的客户需求和进行客户需求研究也变得可行。这包括启动基础科学研究、实施建议计划和销售团队计划、举办创新会议，以及本书后面强调的所有其他产生新产品创意的方法。这些方法使搜索创意工作变得更有效率，得到的产品创意也与企业的焦点一致。

案例：在Chempro，从总裁到销售培训生，所有人员都清楚公司的新产品重点领域。首先，战略方法确定了一些"必须做"的项目并将其列在产品路线图中（见图2.15）。其次，企业中的每位员工也都参与其中，为指定的领域贡献好的新产品创意。

更有效的项目选择

企业选择新产品项目时,最重要的标准是该项目与企业的经营战略是否一致。明确界定企业的新产品领域是判断"战略一致性和重要性"的必要标准,即所考虑的新产品提案是否符合其中指定的战略领域。企业的战略产品路线图明确了战略项目的地标,还为选择具体的开发项目提供了方向性的指导。这样做可以带来更高效的项目筛选和投资决策。宝贵的管理时间和资源不会被浪费在一些不明智的新产品建议上。因为它们虽然有吸引力,却不符合企业的长期战略或方向。

第三章

创意产生的战略性输入——预测未来

Strategic Inputs to Ideation—Forecasting the Future

计划本身毫无价值。实施计划才是一切。

——德怀特·艾森豪威尔

诺曼底登陆战役最高指挥官,1945年

本章将探讨三个对于企业的创意和构思工作极为重要的战略方法。战略构思需要企业的领导团队对企业未来有合理的观点和远见。实际上，他们需要整合现有的信息，准确预测未来的情景。如果预测成功，那么他们在决定企业需要哪些新产品和服务时，才能做出更有效的判断。

要预测企业所处行业、市场或世界的前景，并不是一件容易的事情。事实上，无数的企业高管和规划团队在对未来的预测上都是不成功的：AT＆T没有意识到互联网对电话业的影响；IBM早期不愿意投资个人电脑业务；柯达和宝丽来公司没有尽早认清数码相机技术带来的威胁；当世界上的其他企业都转向能源效应时，美国的汽车行业仍然集中生产耗油的SUV。

虽然没有一个万能的公式可以准确地预测未来企业应该开发什么样的新产品，但下面的三种战略方法对企业应该有所帮助：
- 开发外围视觉。
- 预估突破性技术带来的影响。
- 使用情景联想法预测未来。

开发外围视觉

最大的危险是你没有发觉即将到来的威胁。Day and Shoemaker

强调开发外围视觉对企业来说至关重要。因为没有预料到或者不了解一些事件的潜在威胁，所以太多的企业变得盲目片面。例如，大多数的企业都没有认识到互联网对企业的经营方式带来如此重大的影响，而且更糟的是，它们未能及时采取行动。就连微软公司(Microsoft)也低估了互联网的普及速度。同样的，许多北美和欧洲的企业没有考虑到中国低成本但成熟的制造能力、印度的信息技术开发能力，因此没有制订全球外包和境外生产战略。这些公司现在面临着激烈的同行竞争，不得不采取行动，落实有效的境外生产和制造战略。

预测威胁和机遇要有强大的外围视觉。如果企业先于竞争对手看到威胁，采取适当的行动，威胁就会转变为机会。然而，太多的企业似乎过度关注此时此地和它们日常的短期问题，所以当它们所处的市场和行业发生重大变化时，它们完全没有意识到，也没有做好准备。

在一项对企业战略家的重要调查中，三分之二的公司承认，在过去的五年内，多达三次的竞争性活动使它们措手不及，而97%的公司缺乏正式的预警系统！美泰儿(Mattel)虽然是一家领先的企业，但也是一家缺乏预警系统的公司。它没有认识到现在十几岁的女孩比以前更早地成熟。她们的成长超过了芭比娃娃，从而她们更多地关注更具现代感、更具都市感的娃娃，如贝姿娃娃(Bratz)。同样的，乐高(Lego)曾经被认为是最有创意的公司，但它对此也没有采取措施，小男孩们更快地长大，在很早的年龄就不玩积木了。虽然乐高尝试引入计算机式的玩具，但这些产品过于昂贵，也没有以男孩们的爸爸妈妈为消费目标。

另一个一度具有创新精神的公司——杜邦(DuPont)，也没有留意到企业外围发生的事情。企业在过去的几十年里发明了很多聚合物，包括尼龙(Nylon)、涤纶(Dacron)、莱卡纤维(Lycra)和特氟隆(Teflon)，但它没有意识到来自逐渐饱和的市场和境外低成本聚合物的威胁，也没有采取相应的行动应对这些威胁，反而从成熟的业务中撤离。这个决定不仅使得杜邦无法充分利用其生产力，而且生产成本增加，也更容易受到低成本产品的影响。

相比之下，苹果公司的管理层多年以来都保持着良好的判断力，清楚地判断出世界前进的方向。有趣的是，苹果公司并没有在研发领域投入庞大的资金。例如，苹果公司2004年的研发销售比为5.9%，而计算机行业的平均水平为7.6%。与那些竞争对手相比，苹果4.89亿美元的支出只是它们的一小部分。但是苹果公司将其开发资源严格集中在一些数量不多、最具潜力的项目上，反而建立了创新机制，最终生产出了iMac、iBook、iPod和iTunes等产品。

明确企业对外围视觉的需求

不是每家企业都需要同等程度的外围视觉。当企业评估是否需要建立外围视觉团队或培养具体的外围视觉能力时，需要考虑以下因素：
- 企业战略的性质。
- 企业外部环境的复杂性。
- 企业外部环境的波动性。

企业战略的性质：如果企业设定了非常积极并且以增长为导向的战略；如果企业非常重视产品创新和重塑其业务；如果企业有广泛的

或全球的战略（相对于狭隘的或利基战略而言）；还有如果企业有许多不同的业务要整合，那这些企业都必须要有一个强大的外围视觉。

企业环境的复杂性：如果企业所处的行业有许多复杂的细分市场、长而复杂的分销渠道，以及来自各方面对手的竞争，那么这些企业需要强大的外围视觉。同样的，如果企业所处的行业高度公开，或者依赖于全球经济，或者具有多变化的规则，或者依赖于政府资助，或者行业很复杂，那么，这些企业更容易变得盲目片面。

企业环境的波动性：如果企业在过去几年中经历了一系列的挫折；如果企业的市场预测，包括定量和定性的趋势，都偏离了轨道；如果行业技术变革的速度和性质是不可预测的；如果该行业有很大的可能发生技术突破，那么这些企业面临着一个高度不稳定的环境，急需强大的外围视觉。同样的，如果企业所处的行业对社会变化十分敏感；如果企业或行业拥有的机会增多了；如果企业的竞争对手有侵略性和敌对性；或者企业的客户和渠道非常强大，那么环境的波动性就会更高。所有这些推力都表明，企业需要一个更系统的外围视觉。

审查外部环境

有效审查工作的关键是在合适的地方问合适的问题。例如，检查竞争性行为往往是一个好的开始。关键的问题包括：你的哪些竞争对手在技术浪潮中处于领先地位？哪些企业能够预测市场的趋势和需求，并在其他企业之前就采取行动？第二个重点领域是审查企业自身，回顾企业过往使用过的战略，找出其中的盲点。Day and Shoemaker曾列出一系列问题（见图3.1）。这些问题为企业的审查工作提供了框架。但是，企业该如何将这些转化为新产品的机会？

开发外围视觉时的关键问题

1. 在企业所处的行业中，有谁能够发现预先警告，并对其采取行动？
2. 企业过去的盲点是什么？
   - 现在正有什么事情发生？
3. 是否有来自另一个行业的相关类比？
   - 例：纳米技术是否会遇到同样的外部阻力，就像转基因食品行业那样？
4. 企业是否正确抓住并理解了重要的信号？
   - 例：库尔斯(Coors)没有低糖饮食的市场。
5. 外围客户（相邻市场，以前的客户）和非直接的竞争对手是怎么说的？
6. 企业中持不同意见的人是怎么说的？
7. 怎样的前景会确实伤害（或帮助）企业？
8. 有哪些新兴的技术可能改变这个市场？
9. 有没有一个无法想象的未来的前景？
   - 例：安然(Enron)在接受了来自金融行业的诸多称赞后，却经历了财务崩溃。

图3.1：当企业审查外部环境时，可以使用外围视觉——观察合适的位置并问合适的问题。

采用机会和威胁影响分析——IOTA分析

审查工作的重点不仅仅是识别潜在的威胁、危险信号或变化的市场环境。更确切地说，外围视觉和审查项目的目的在于找出那些可能带来新产品、新服务和新业务的机会。如果你有工程技术方面的经验，你会发现这种影响力分析与FMEA（失效模式分析）类似，而后者多用于确定产品设计中的风险和行动。

机会和威胁影响分析(IOTA)的第一步是列出企业在外围视觉或项

目审查工作中发现的关键问题、趋势、事件、威胁,即图3.2中的第二列。第二步,企业要估计这些事件、趋势、威胁的可能性和发生的时间点,即图3.2中的第三列和第四列。第五列描述了机会或威胁对企业的影响。最后,分析企业应该采取的行动,就是要回答一个问题:企业应该如何应对事件、趋势、威胁?它带来哪些机会:新的产品、新的服务或新的业务?

外围视觉审查工作的重点领域	列表:威胁、主要的改变和趋势、危险信号、关键问题和事件。	多大可能性?	多快会发生(时间点)?	对企业的影响:机遇或挑战?	有哪些机会:新的产品、新的服务、新的业务、新的商业模式?
市场变化和更替——企业的客户					
竞争对手和其战略的改变					
企业价值链成员的变化(例如:零售商、经销商)					
技术的变化和中断					
法律和政策上的改变、事件和威胁					
社会和人口统计的趋势、改变					
经济趋势的变化和威胁					

图3.2:实施IOTA的方法。
IOTA模板可以将企业外围视觉审查工作的结果转化为机会。

为了确定应对措施,企业可以尝试头脑风暴的方法,将企业的营销、技术和业务拓展人员纳入讨论范围。成员们对各个重大事件、趋势、威胁和突发事件进行头脑风暴,首先讨论那些迫在眉睫的、发生可能性最大的并且潜在影响最大的问题(第二列到第五列)。

案例:假设处于酿酒行业中的企业正面临着重大的威胁——下一代的消费者们更加重视健康的生活方式。这个转变意味着双重威胁。它代表着年轻的消费者们对酒精饮料的需求会降低，碳水化合物的摄入也会减少，这对于传统的酿酒企业来说是一个非常糟糕的消息。

头脑风暴会议的目的是讨论如何应对这个挑战性的问题："考虑到目前市场强调的是更健康的生活方式（摄入更少的碳水化合物，以及消费更少的酒精饮料），企业想到利用这个趋势开发怎样的新产品或新服务呢？"小组成员们集思广益，提出很多创意设想，例如，一个显而易见的创意——低碳水化合物啤酒或低热量啤酒。同时，他们也提出了其他创意，如基于果汁的酒精饮料或基于酸奶的酒精饮料，这些创意也大致符合健康的趋势。成员们还碰撞出很多新奇的创意，如营养饮料，含有一定剂量的酒精或有益的红葡萄酒；或者含有其他刺激物的饮料，如咖啡因；或者有治疗作用的或"有益"的营养茶。

通常，企业从威胁和突发事件中可以得出明显的结论，这些结论清楚地指明企业需要采取的行动，这样一来，头脑风暴就变得多余。但是，无论企业如何得到创意，IOTA都是至关重要的，它将审查外围视觉工作转化为实际行动，帮助企业得到具体的新产品或新业务的创意和机会。

有哪些事可能已经发生

有人可能猜测到，上文提到的两家企业之后发生了什么。美泰儿和乐高，这两家企业都忽视了同一个威胁，即现今男孩和女孩的成长比以往更快。首先，两家企业的管理层原本都已经意识到了这个威胁及其潜在的破坏性影响。乐高在丹麦的管理人员的确充分意识到了这个威胁，他们也采取应对措施，推出了基于计算机的乐高建筑产品，面向成熟的、精通电脑的男孩们和他们的父母。我们不是特别清楚美泰儿的管理层是否根据其面临的威胁做出调整。当然，就乐高的例子而言，人们也会质疑这种反应是否十分适当并及时。显然不是，因为乐高陷入了一个更加艰难的时期。也许，更彻底的IOTA分析或许能帮助乐高获得更多选择，变得更具创造性，得到更好的市场响应。

利用突破性技术

一个行业会周期性地面临技术的变革或彻底的创新。这个改变是巨大的，以至于改变了竞争的基础和该行业的面貌。这些突发事件不是每天都在每个行业中发生，但是当它们发生时，可能会为行业内占主导地位的企业带来巨大的威胁，也为其他企业创造巨大的机会。20世纪见证了许多这类的突发事件：电子手表几乎摧毁了整个瑞士钟表业，但却在日本创造了一个新的行业；手持计算器的出现严重打击了机械计算器的制造商；圆珠笔、施乐复印机和喷气式发动机都为各自的行业带来了巨大的变革，诸如年代更近的数码相机、手机和互联网，都极大影响了所属行业。

突破性技术如此危险的一个原因是，当它们发生时，之前行业中占主导地位的企业通常不再占据主导地位。最近的研究表明，几乎每个行业的领先企业在面对新科技时代的突发改变时都未能保持其原来的市场领导地位。这些大公司被更新、更快、更灵活的公司所取代，因为后者采取了及时的必要的行动。上文所述的每个技术突破的例子都遵循了这样的轨迹，除了喷气式发动机（惠普公司，现在的联合技术公司，成功地完成了向新技术的过渡）。

这种专制的成功（即一开始帮助企业获得成功的事物，也为其播下了未来失败的种子）是世界性的难题。许多企业面临着类似的境况，例如美国的施乐公司，法国的米其林公司，荷兰的飞利浦公司，德国的西门子公司和日本的日产等。常被忽略的危险是，获得成功的企业规模变大并且占据了主导地位，变得自满，开始坚持自己的做事方式，因此变得无法或不愿意对其行业中的变化和技术突破做出反应。

这种激进的、一步式的创新理论最早由麻省理工学院的教授在20世纪60年代公布，后通过福斯特所著的《攻击者的优势》和克里斯滕森所著的《创新者的窘境》，该理论进而普及。图3.3显示了初始技术和之后的突破性技术，该图描述了突破性技术的影响和威胁。

突破性技术更加危险的是，它们往往是隐秘的，常常没有被留意到。通常，基于新技术的初始产品在性能上会劣于基于现有的、主导技术的产品。例如，与传统的固定电话相比，手机首次推出时表现得非常糟糕——它很笨重，人拿着它打电话就像在对着一块砖说话。还有，第一台数码相机实际上产生的图像（分辨率较低）比不上传统的35mm胶片相机，大多数用户认为这是劣质产品。但对少数用户而言，特别是那些想要对数字格式的图片修改或以电子方式传输照片的用户，数码相机带来了新的价值。

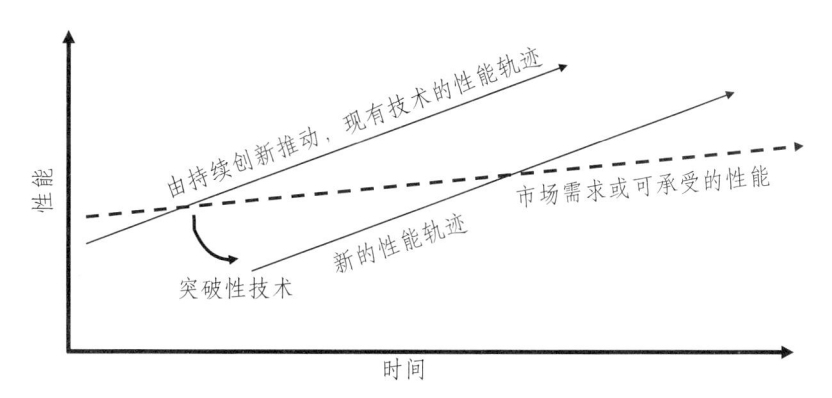

[图表：性能 vs 时间，显示"由持续创新推动，现有技术的性能轨迹"、"市场需求或可承受的性能"、"突破性技术"、"新的性能轨迹"]

- 当前的技术逐渐进步，最终超越了用传统的绩效维度所定义的市场需求。
- 相比之下，新的突破性技术在传统的绩效指标上往往表现得较差。
- 但是它在新的绩效指标上做得更好（图中没有显示），受到一小群用户的欢迎，并且在传统的绩效指标上也逐步提高。

来源：改编自克里斯滕森的《创新者的窘境》和盖茨的《新产品创新的进程和项目组合》

图3.3：突破性技术最初的表现比不上当前的技术，因此其影响力常常被低估。

因为新产品往往开始表现不佳，所以评估新技术时，行业专家和战略家认为产品的性能较差，得出不用认真对待的结论；或者进行市场调查时，绝大多数用户对该产品不满意，因此认为该技术没有未来。

当然，这些战略家、行业专家和市场研究人员是错误的，因为他们没有锁定正确的潜在用户。市场中总是有一小群的用户（一小部分的早期采用者）愿意接受新产品表现不佳的部分，就是为了要得到新技术所带来的优势。总之，面对基于新技术的产品，他们看到了其中的一个特性或功能的价值。例如，虽然大多数人拒绝了数码相机，因为它的画面质量差、拍照容量有限、操作不人性化，但一小群用户认为它们是很棒的。例如，房地产经纪人不需要画面清晰到可以获奖的图片，他们只热衷于数码相机可以将房产图片电子化的功能，因为他

77

们可以在电脑上将这些图片展示给客户。

了解观察不同类型的技术突破

在评估彻底的创新和突破性技术的前景时，企业会遇到的一个问题是，预测人员和战略家没有区分不同类型的技术突破。一项对以往突发事件的分析表明，确实存在不同类型的技术突破，并且企业在评估其未来影响时应该考虑不同的类型。帕普和卡茨(Paap and Katz)指出了要留意的三种类型的技术突破。

传统技术成熟：这可能是最熟悉的替换类型。在这种情况下，企业现有的或传统的技术无法满足客户的需求，而更新的技术可以更好地完成这项工作。从拨号上网到宽带的转变就属于这种情况。客户的需求（便利性、可靠性和速度）没有改变，但是宽带比拨号更能满足现有的需求。

大多数企业密切关注技术环境，观察其现有技术是否已经过时。但通常它们不能及时看到信号，或者没有及时行动，从而错失良机。

传统的驱动力成熟：大多数引用的突破性技术的案例都属于这一类。供应商们通常只专注于当前的技术，以便更好地满足客户的需求。然而，在达到某一程度后，客户就不再重视产品性能的提升，因为他们现在拥有的产品已经"足够好"。

在这种情况下，新的推动力通常来自客户可能已经存在的需求。一旦产品的性能在传统的推动力或所需功能上达到了一个限度，新的推动力可能成为一项新需求。例如：手机增加了拍摄、存储和发送图片的功能。当现有技术能够满足传统的推动力（尺寸、重量、通话时间和外观）的要求时，这一功能对许多用户来说成为新需求。

这其中的另一个挑战是，客户通常没有意识到，他们需要更多的功能，直到他们实际上看到、摸到、感受到结合了新功能的产品。这些产品满足了客户们未表达、未说明的需要。因此，企业如果只是问他们的客户想要或需要怎样的产品，往往会错过下一次的创新浪潮。

环境变化：这种情况不常见，只有当全新的需求出现时（不仅仅是来自现有的、但未被阐明的需求）才会发生。这可能是由于经济或监管环境发生重大变化，或者一项新技术被开发，客户能够做新的事情，或者企业客户的目标或偏好发生重大转变。例如，由于经济的变化（更高的石油价格）和新的节能法规，企业开始将乙醇作为汽车燃料，开发相关的技术。这可能为一些国家的汽车发动机行业带来突变。例如，乙醇动力汽车得以普及，甚至在汽车中使用燃料电池（因为与汽油比较，汽车用酒精做燃料运作得更好）。

预测突破性技术的影响

准确地预测这些突破性技术所带来的影响和时机，可以为企业带来突破性的新产品和新业务。如果企业可以预见未来，那么就更容易发现那些潜在的、有很大市场的新产品和服务。苹果公司已经不断地表明它已熟悉创新和技术突破的动态法则，并持续引入使之最终成为标杆技术，尽管这项技术开始推出时，它没有得到客户的强烈回应。

突破性技术确实为行业趋势分析带来了挑战，因为众多技术最终都失败了，但其余的技术却继续发展，为市场带来重大转变。通常，人们很难预测某项技术将走向何方，是急速发展还是逐渐消亡？事实上，一些批评家认为：根本性创新或突破性技术的整个理论可以很好地解释过往的历史，而不是预测未来。克莱斯勒大力投资备受吹捧的汽车涡轮发动机，后来怎么样了？涡轮机和转子(Wankel)发动机当时被认为是汽车动力的未来。但是相对地，我们现在仍然使用传统的内燃活塞发动机（已经存在了一个多世纪）和现在的混合动力发动机（突然出现）。在预测突破性技术的影响规模和机会大小时，有一件事是确定的：预测通常不准确，而且一般会与结果相距甚远。

那么，应该如何估计突破性技术的影响和潜力？这还没有简单的解决方案。但是企业采用了下面的方法，试图找出潜在的技术突破，更好地预测其影响力。

了解创新和替代的动态法则：新技术不会毫无征兆地出现。市场中有未被满足的客户需求（现有的，但有时是未说明的），并且现有的技术无法满足这种需求；或者由于外部环境转变，新的客户需求出现。企业要试着了解产生的需求和变化原因，评估新技术是否可能满足这种需求，以此继续成为市场中的主导力量。

持续留意自身行业的外部技术环境：企业要时刻注意行业中正在解决相关问题的技术，找出能够更好解决企业当前客户问题的技术。

从客户需求开始：如果技术规划是预测突破性技术，那么它不能从技术本身出发，而应该从客户需求开始。它需要估计当前的客户需求将如何改变，识别未满足的、未明确的需求，以及这些需求将如何演变为新的驱动力。企业必须了解客户眼中的价值所在——在现有功能基础上提高性能价值，以及新功能的价值。此外，企业需要确定有哪些替代技术可能更适合提供新功能和特性。

超越客户的要求：不要忽视企业的客户，但不只是专注于他们的想法或要求。企业要专注于客户未被满足的、未说明的需求。这样一来，当传统的驱动力和功能达到客户认定的价值限度时，企业可以确定即将出现的新的驱动力和功能，即未来的主导产品或技术。

超越主流：在突破性技术的情况下，初始产品的用途不太可能成为主流市场。如果企业可以专注于主流之外的市场缺口或用途，寻求市场所需产品的特殊优势（并且其弱点可以被接纳），就会发现这样做是很值得的。回顾之前提到的早期采用者，他们通常都不属于主流市场。这里的秘诀是，企业要识别少数的潜在客户，就可能从新的方案中获得最大利益的群体，确定企业要将多少工作转换为新的方案。

做实地调查工作：当一项新技术出现时，企业可以将整个项目团队带到现场，与早期采用者和潜在的用户进行面对面的讨论，让团队成员亲自了解产品或新技术的各种潜在用途以及市场潜力。项目团队越深入地了解潜在的产品用途、细分市场，以及用户寻求的性能，团队就能越好地融入目标市场，估计市场潜力。

在客户面前得到启发：客户们不知道他们正在寻找什么，直到他们看到它，触摸它或体验它。因此，当企业要针对一个新概念（基于新技术）进行客户反应测试时，务必要向客户展示一些东西，哪怕是一个虚拟的雏形或粗简的模型，或者是关于产品或服务的陈述。仅仅问客户他们想要什么，企业无法得到很多答案。同样的，仅仅用语言描述新概念或技术并询问客户对它的看法，也是相当不切实际的，因为只有当客户体验了产品，了解好处之后，他们才会理解这个概念或技术。WordPerfect是基于DOS操作系统且曾经占据主导地位的文字处理软件。当它的营销商科立尔数位科技(Corel)进行市场研究时，询问用户他们想要什么，没有人提出要一个Windows版本的软件，因为大部分用户不知道Windows是什么或可以做什么。直到微软推出Windows版本时，用户们才真正了解它的好处——这也使得许多用户不再使用Corel的WordPerfect软件。

观察客户目前如何解决他们的问题：世界少有全新的市场。通常这些市场都是有基础的，即使是在出现重大突破的情况下，例如第一架喷气式发动机或静电复印技术的推出，都是基于"现有市场"。尽管结果不是很理想，但是潜在用户们还是用一些其他方法解决问题，人们曾经使用复写纸、基士得耶复印机和柯达的湿摄影工艺解决复印问题。军队在使用喷气式发动机之前，曾使用活塞发动机。企业要仔细地观察现有的市场或现有的解决方案，了解人们如何运用当前技术解决问题，然后调查用户的需求和偏好以及对当前方案的好恶。

观察平行市场：观察在类似的或平行市场中发生的情况，企业通常能够了解新技术的采用率以及采用过程中的障碍。例如，查看之前提到的类似创新产品或突破性技术的生命周期曲线和采用曲线。这种方法特别适用于几十年来一直持续使用创新技术的行业，例如，在家庭娱乐领域，VHS、CD和DVD等技术；数字电视和高清电视也都遵循了某些模式，其中一些技术的采用率比另一些快。企业可以观察这些采用曲线，进一步探究它们被快速采用的原因或采用过程中出现的问题。一般来说，类似的或平行市场的情况对于企业调查中的新市场或新技术具有直接的指导意义。

考虑不同的情况：建立不同的未来的场景，就像本章后面会讨论的场景生成法。企业可以将不同的场景标记为"最佳情况"和"最坏情况"，或"快速采用"和"缓慢采用"。建立相当多的场景，考虑企业在各个场景发生时会做出的决定。例如，在"最坏情况"下，企业仍然会继续投资新技术吗？

采用非传统的项目评估方法：也许最难的建议是用不同的方法评估新的或突破性的技术投资。一些占主导地位的企业通常无法向新的或突破性的技术过渡的原因是，他们没有尽早做出必要的投资决策。这些企业通常是受利益推动的，新的投资必须通过传统的财务评估程序和标准才能进行。而这些财务标准和方法几乎必然会淘汰掉这些对新技术的投资，主要是因为两方面的原因。

- 有太多的未知数和不确定性：当通盘核算风险和概率时，来自新技术投资的财务收益看起来总是不太好。
- 新技术将吞并企业现有的产品并淘汰现有的生产设施。很少有企业愿意在投资传统技术后，为了新的、不确定的技术而放弃原有项目。

第八章会讨论评估不确定的、有风险、面向未来的项目和投资的新方法。这些方法更加适用于评估突破性技术的投资决策。

使用场景生成法预想未来

近年发生的最重要的战略决策之一是AT&T拒绝免费得到互联网的控制权。20世纪80年代后期，美国国家科学基金会（美国政府）想放弃其监管互联网的角色，因此向AT&T提供了可免费获得的垄断机会。但AT&T有自己的未来发展蓝图，就是使它的集中交换技术在未来始终保持主导地位。它认为，分组交换技术（互联网使用的技术）的概念永远不会成功。AT&T的技术专家们得出结论：互联网对电话业的影响不大，在其他任何环境下也不具有商业价值。

AT&T本来应该怎么做？或者你的公司应该怎么做？就是建立未来的替代场景。首先要建立一个"官方"的或预期的场景。以AT&T为例，这个预期的场景就是集中交换的模式仍然占主导地位。但是，也需要建立一个替代场景——在该情况下，一种替代方案就是互联网服务和新型电话的市场，即分散或分组交换，向占主导地位的AT&T模式发起挑战。这样的思考至少会使决策者意识到互联网的潜力，并可能制订出替代方案。

建立替代场景还可以帮助决策者敏锐地感觉到信号的变化。就如倡导在规划中使用情景法的施瓦茨所说："没有被预见到的事物不可能及时被发现"。例如，AT&T的高管们如果明确替代方案：当更多的用户开始上网时，网页开始迅速增长时，以及在90年代初家庭用户的电脑购置呈跳跃式增长时，他们可能会更加警惕。

开发未来的替代场景通常需要高管们进行全面的讨论。图3.4概述了其思考过程。由于企业的目的是获得新的产品机会，因此可以将讨论限制在与业务相关的场景，以及如何应对外部（或扩展市场）环境。对于一家银行来说，这可能是：描述金融和相关市场的前景以及整个金融业的发展方向。

场景法的步骤

- 建立一个"官方"的未来场景
- 务必建立替代场景：
  - 最坏的情况
  - 和传统假设不一致的情况
- 确定企业首先需要采取的决定
- 确定在各个不同的场景中的潜在"路标"
  - "没有被预见到的事物不可能及时被发现"
- 制订在替代场景中的新产品战略（例如：一系列创意或一个路线图）
  - 将这些替代场景设置为小概率事件
  - 然后重新考虑自身的决策

图3.4：该场景法有助于企业预期未来的不同情况。它为得到新颖的产品和服务创意，甚至新的商业模式提供了坚实的基础。

问合适的问题

首先，要解决的问题包括：

- 什么是最好的未来场景？假设在最好的外部环境下，企业会变成什么样。要尽可能详细地描述。
- 企业可以预计到的最糟糕的外部环境是怎样的？或者最意想不

到的情况是什么？

- 有哪些相关的维度可以用来描述这些场景？（例如，在AT&T的例子中，一个相关的维度是"集中式与分散式交换"：最好的情况是在集中式这端，而最坏的情况则是在另一端，即分散或分组交换占据主导地位。）

其次，确定管理层面临的主要决策。为了从场景分析中识别新产品的机会，企业需要考虑的问题是，企业应该推出新业务或新产品吗？企业应该投资新技术或新技术平台吗？企业应该认真考虑哪些类型的新产品？企业可以利用这些场景，假定当各个场景实际发生时，做出的每个投资决策会带来怎样的后果，并评估这些后果。

最后，企业应当确认各个场景即将发生的标记或信号，以便管理者能够在接下来的几个月或几年中发现该类标记，及时了解世界正在改变的方向。例如，银行业的一个假设情况是，未来不会存在银行的分行——这样的实体银行将成为历史。泄露未来十年后的银行状况的信号可能是，新推出的电子银行的数量、不同年龄段的用户转向电子银行的比例，开发出新的让互联网更方便的设备（例如轻便的无线设备，它可以连接互联网，也可以进行金融交易）。如果这样的趋势获得高速发展，那么不久无网点银行就可以实现。

史上最大的商业错误

1980年，IBM确立了它对个人电脑未来前景的看法。IBM通过研究个人电脑的潜在市场，进行预测，到1990年，将有27.5万台个人电脑被销售。因此，IBM与英特尔和微软公司签订了一个大手笔的合同，请其为IBM开发设计个人电脑的关键部件。到了1990年，个人电脑销售量却达到了6000万台。显然，IBM只预想到了一种情况。这也使得英特尔和微软这两家新公司获得大量资金，并最终成为IBM强大的竞争对手。

这里的关键是，如果IBM能建立未来的替代场景，即每个家庭都拥有个人电脑，即使这个场景只有一个微小的概率，IBM也会改变它原来的决定，从而更好地保护其利益。随着电脑在20世纪80年代初期的普及，如果有人提醒IBM的管理层设置替代前景，而不是官方前景，那么IBM可能就会更好地面对。

场景法的应用

某家主营宠物食品的制造商正在寻求长期的新产品机会。它采用的就是场景法。企业组织了三个跨部门团队。

团队A：设想未来的"官方场景"。根据传统的假设和预测，该团队设想了宠物食品未来前景的画面。例如，假设人们会像以往一样继续将狗和猫作为宠物，并像以往一样继续购买狗粮和猫粮。

团队B：设想最坏的情况。对宠物食品供应商来说，最坏的情况是什么？简单地说，人口统计将会影响该行业。战后的婴儿潮一代自1955年以来一直推动着美国的各个市场，而现在他们即将退休。婴儿潮一代的人身体健康，也比较富裕。那么他们在做什么（区别于他们父母退休时的情况）？他们更多的是去旅行，在美国温暖的地区购买公寓。看看佛罗里达州和亚利桑那州房地产市场的繁荣。对于有公寓并常常旅行的人来说，什么是他们最不想拥有的东西？宠物！因此，团队B预计随着婴儿潮一代即将退休，宠物的拥有量会下降，特别是大型的宠物。

团队C：设想最不寻常或意想不到的情况。一个情况是：现在的人们喜欢用不寻常的方式表现自己：如蓝色的头发、怪异的衣服、文身和在身体上打洞。所以他们的宠物也是这样。因此，团队C预计未来的宠物会不寻常，如宠物蛇、鬣蜥、鳄鱼。

每个团队有一个月的时间开发场景，即考虑在这三种不同的假设下，宠物市场的前景将会变得怎样。接着，团队会重新集合展现他们各自的设想。

接下来的挑战是，在团队A、B、C描述的不同的场景中，团队成员进行头脑风暴，讨论企业可能或可以开发的新产品或服务。

例如，团队B设想的未来前景是更少的宠物、更小的宠物。人们会想到怎样的新产品或新服务？例如：宠物酒店、在度假地租用宠物的服务、电子宠物（该产品已经在日本出现，但出现的原因不同）、宠物托管服务、宠物的旅行小吃和食品、宠物运输服务、为在家的宠物设计的自动食品分配器等。

最后，确认场景A、B或C即将发生的标记或信号。例如，企业可以开始计算有多少退休人员正在获得新宠物，而不仅仅是记录狗和猫的数量；或这些宠物有多大。如果第一代婴儿潮的人到了60岁后，宠物的拥有量呈现下降趋势，那么企业就可以转向场景B。

总结场景法的价值

当企业尝试开发新产品机会时，务必要使用场景法。它是超越传统观点的思考方式。企业要建立不同的未来前景，不仅仅是最有可能的情况或企业的"官方前景"，还要建立替代场景，包括最好情况、最坏情况和意想不到的情况。

想象当每个替代场景实现时，它会改变企业的战略和新产品决策吗？如果确实是其中的一个替代场景（如IBM和AT&T所做的那样）真实发生了，那么企业根据"官方场景"做出决策的财务后果是什么？

将这些替代场景设置为小概率事件，重新考虑企业的新产品投资决策。假设官方场景和替代场景实现了，企业可以运用不同的方法获取新产品的创意。

注意信号，采取行动

对于外部环境中发生的事件或趋势，太多的企业会不知所措。有时候，企业的高级管理人员根本看不到即将发生的事件，因为他们没有预警系统。本章强调开发周边视觉的重要性，概述企业应该考虑的问题类型。突破性技术已成为当今管理界的热门词汇，但它不是新概念，当然也不是新现象。我们仔细分析了不同类型的技术突破，以及一些识别潜在的突破和预估其影响的方法。最后，我们概述了场景法的价值，它是尝试预测未来前景的另一种方法。

上述内容非常有用并相互补充，可以帮助企业预测前景并为未来做好准备。但是，企业仅仅识别和了解这些威胁或机会是不够的。一些企业充分意识到了它们要面临的主要威胁和突发事件，但是就像车灯前瘫痪了的麋鹿一样，它们似乎僵在原地，无法行动。也许，管理层缺乏想象力，根本无法想出适当的措施（例如，合适的新产品或服务，或新的商业模式）应对这样的威胁或突发事件。或者，他们对自己过去的成功感到自满，低估了威胁。

因此，关键问题是仅仅观察到威胁或潜在的突发事件是不够的，企业必须明确合适的应对措施。例如，这些威胁或改变指向哪些新产品或新服务，或者哪些新平台、新业务或新的商业模式？然后，企业要采取行动，向前推进。

下面的章节更偏向策略方面，根据本章和上一章中确定的一些战略威胁、问题和机遇，概述了获得创意的具体方法。例如，第四章将介绍一些策略方法，这些方法是关于如何根据一系列的客户反馈获得新产品创意的。当这些方法与本章讨论的战略方法相结合时，它会为企业的新产品开发带来丰富的新产品创意。

第四章

利用客户反馈产生突破性的创意

Using

Voice of Customer

to

Generate Blockbuster Ideas

你不能只问顾客要什么,然后想法子给他们做什么。
当你做出来时,他们又会想要新东西了。

——史蒂夫·乔布斯(1955—2011)
美国苹果公司联合创始人及前行政总裁

企业的客户拥有下一个新产品创意！研究客户反馈(VoC)是一种有效的方法，已被证明能够帮助企业得到卓越的新产品和服务的创意。尽管如此，大多数公司仍然没有开展客户反馈工作，他们或许不知道怎样才能做好，或许也不愿意花费时间和精力开展这项工作。但是另一方面，如果企业的目标是持续获得一系列大获成功的新产品，那么企业认为客户反馈工作是非常值得的！另外，一些企业误解了客户反馈工作，以为他们正在做的就是客户反馈工作，实际上他们做的是"销售人员的反馈"或"产品经理的反馈"。因此，企业要深入了解客户反馈，利用客户反馈为企业的开发工作提供可靠的产品创意。

本章介绍为什么客户反馈对产生一系列稳定的、卓越的新产品和服务的创意至关重要。它还解释一些关于客户反馈的误解，即客户反馈是什么和不是什么。最后，本章概述一些公认的获得客户反馈的方法，帮助企业获得新产品创意。

为何客户反馈如此重要

在产品创新中，企业取得成功和获利的首要关键在于开发并提供独特的、卓越的、有差异化的产品。它可以为客户带来新的、独特的好处，同时，它也向客户传递着吸引人的价值定位。这是无数研究已经证实的。请注意，"产品优势"是根据客户或用户的想法来定义的。例如，从图4.1中，我们可以观察到绩效最佳的企业如何理解产品优势和差异化的作用，以及客户对吸引人的价值定位的需求。

- 绩效最佳的企业理解客户眼中的价值，提供的新产品也包含这样的价值。在这方面，绩效最佳的企业与绩效最差的企业的比例为4∶1。
- 绩效最佳的企业所提供的新产品包含了独有的优势，而别的竞争产品不具有该项优势。
- 它们的产品对于客户或用户来说有更好的性价比——产品包含了吸引人的价值定位。
- 绩效最佳的企业的新产品在满足消费者需求方面优于竞争产品。
- 它们的产品具有卓越的品质，并且由客户来鉴别它的质量。

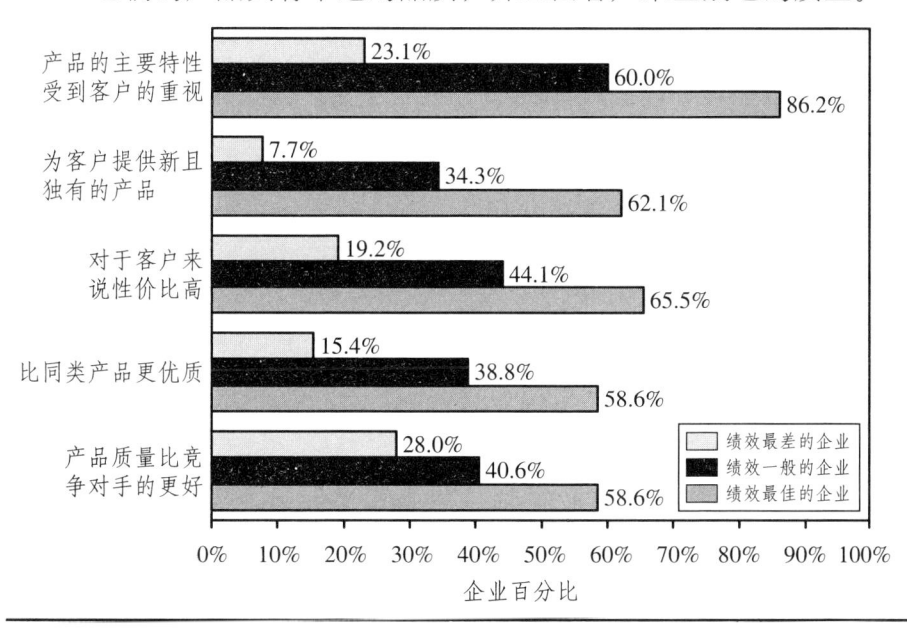

项目	绩效最差的企业	绩效一般的企业	绩效最佳的企业
产品的主要特性受到客户的重视	23.1%	60.0%	86.2%
为客户提供新且独有的产品	7.7%	34.3%	62.1%
对于客户来说性价比高	19.2%	44.1%	65.5%
比同类产品更优质	15.4%	38.8%	58.6%
产品质量比竞争对手的更好	28.0%	40.6%	58.6%

企业百分比

图4.1：绩效最佳的企业强调产品优势。它们构思、开发并推出独特的优质产品。这些产品为客户提供了独有的优势，也向用户提供了有吸引力的价值定位。

然而，开发这样独特的、差异化的产品并不容易。有时候，轰动一时的产品来自技术突破，例如某项新发明，但是这不常见。在大多数情况下，企业需要深入地研究消费者未被满足的、未表达出来的需求，获得自身独特的见解，才可能获得这种差异化的、独特的产品。图4.1中绩效最佳的企业做得好的方面，其中有多少项目需要企业深入了解它们的用户，明白用户未被满足的需求、他们眼中的价值或利益以及他们认可的"优秀产品"。

要开发能够取胜的新产品，企业要建立以客户为中心的创意构思方式。绩效最佳的企业就是这么做的，如图4.2所示：

● 绩效最佳的企业与领先用户和创新客户（引领潮流的客户）密切合作，开发创意。

● 它们还与客户和用户紧密合作，共同寻找未被满足的需求和问题。

● 它们通过市场研究设计产品，而不仅仅是完成后再来确认。

● 绩效最佳的企业在整个开发过程中都和用户保持交流。市场研究不是一次性的，而是持续的，贯彻于开始到产品推出整个过程。

一些高管们经常说，他们是以客户为导向的，但是客户的想法通常只是一些小创意，包括微小的调整、修改和扩展。实际情况可能确实如此，但这些高管们做的并不是客户反馈研究。他们只是在一个客户或销售人员提出要求的时候，采取了响应性的调整措施。这些项目是被动的，实际上，它们通常只是潜力有限的小项目，涉及对现有产品的微小修改。企业必须要开展这些类型的项目以保持竞争力，同时，它们也可以帮助其产品线保持活力，并对短期请求做出及时反应。但是，企业不要将这些被动的小项目和销售请求与客户反馈研究相混淆。

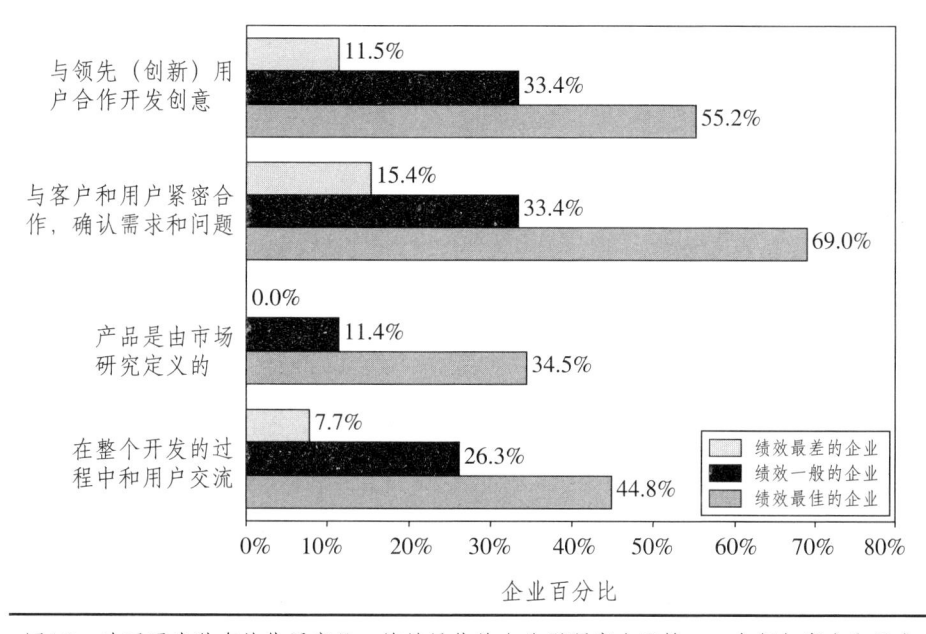

	绩效最差的企业	绩效一般的企业	绩效最佳的企业
与领先（创新）用户合作开发创意	11.5%	33.4%	55.2%
与客户和用户紧密合作，确认需求和问题	15.4%	33.4%	69.0%
产品是由市场研究定义的	0.0%	11.4%	34.5%
在整个开发的过程中和用户交流	7.7%	26.3%	44.8%

企业百分比

图4.2：为了开发独有的优质产品，绩效最佳的企业强调客户反馈——它们与客户和用户合作，明确未被满足的、未明确的需求，以此构思能够取胜的新产品。

真正的客户反馈研究不单单是客户说出他们想要的，或销售人员要求的。它意味着深入客户头脑，了解他们真正的需求、问题和想法。通常情况下，客户或用户不明白他们需要什么，或者无法用言语表达，所以直接问他们"你想要什么或需要什么？"通常不起作用。相反，企业必须站在客户的角度，明白他们的问题和困扰，然后才能知道他们的真正需求是什么，包括说明的和未说明的需求。

什么不是客户反馈的研究内容

客户反馈工作不是企业的产品经理代表客户说"我们的客户今年想要……去开发它"。毫无疑问,产品经理非常了解市场和客户,并且可以提供有用的数据,但是企业不能只依赖产品经理的话。产品经理不是客户,也不能代表客户说话。当企业只听内部员工的意见时,企业得到的是带有偏见的、被过滤后的信息,而且往往是错误的!

同时,企业也不应该将聆听销售人员的意见和真正的客户反馈工作相混淆。销售人员可能非常了解客户,但是和我们任何人一样,销售人员的意见可能带有偏见的或所表达的想法是过滤过的。这就是新近效应,即销售人员最后接触的三名客户和他们的要求对销售人员的影响最大。销售人员的主要目的是获得订单,因此经常替客户提出关于新产品和服务的要求。通过这样的方法,销售人员可以确保销售并得到短期绩效,而他们的意见都是"修改和调整"过的反馈。

客户反馈工作也不是到客户的家中去解决问题,例如产品故障或严重的质量问题。工程人员认为,如果他们到客户现场排除故障或提供紧急的技术服务,可以将此拜访称为"客户反馈"。尽管通过这类故障排除的探访,探访人员可以了解到很多关于客户的信息,但是这样的探访过于单一和片面,探访人员无法进行全面的客户反馈的调查。此外，探访人员也没有提出正确的问题。客户反馈是一项研究，它必须采用严格的研究方法，而不是简单地询问产品的问题。

客户反馈也不是询问客户或用户他们希望下一个新产品是怎样的。一般来说，客户不清楚什么在技术上是可行的，他们也不会去开阔思维或发挥想象。因此，询问客户他们想要怎样的新产品，这很可能会带来一个没有新意的列表，只包括一些小的、逐渐的产品改进，甚至一些竞争产品特性的描述。这种直接询问方式通常不会带来突破性的产品创意。

案例：想象你正站在纽约市的地铁站。你询问上下班往返的人们，他们想要怎样的快速公交系统。你很可能会得到一个众所周知的项目列表——更高的车次频率、更可靠的服务、更好的空调、更安全和更清洁的车厢。但是你不会得到城市公共交通在未来的10年~30年的构想，例如单轨、磁悬浮或个人运输仓。

客户反馈不同于早期的概念测试。有时候，管理层们会将客户反馈工作与概念测试或想法测试相混淆。例如，一些企业有由客户或用户组成的讨论组，成员们会在小组会议上对多个产品概念进行测试。企业得到相应的反馈：客户的兴趣、喜好和购买意图。或者企业的销售团队可以使用模型或虚拟原型进行早期的产品测试，例如邀请很多客户参与"产品展示和介绍"的会议，评估客户对新产品的兴趣。

企业的营销和销售人员可能会认为这些项目属于客户反馈工作。事实并非如此。这些概念测试是很有价值的研究，但它们不是客户反馈研究，而是验证性研究。在上述的案例中，你和员工都承担了大部分的谈话内容：你在讨论组中提出了产品概念，或者销售人员进行了"产品展示和介绍"，也完成了虚拟原型，做了他们最擅长的工作——说话。虽然这其中仍然包括了珍贵的聆听，但是还不算获得真正的客户反馈。

在真正的客户反馈工作中，企业什么也不提供——没有概念，没有虚拟原型或模型。相反的，工作人员只需要询问、探究和聆听。工作人员会问开放式的问题，例如：

- 告诉我你的工作是什么？
- 当你晚上躺在床上，想象正在使用这个产品时，是什么让你一直醒着？或者最让你厌烦的是什么？
- 这是你可以想到做这件事的唯一方式吗？有更好的方法吗？
- 为什么你说你想要这个功能？这个功能能让你做什么？

客户反馈为什么能发挥作用

一般来说，客户或用户购买产品是出于以下原因：
- 解决问题。
- 寻求利益。

例如，有些人购买汽车主要是因为它的可靠性。他们担心车会频出故障。这些购买者以往遭遇过严重的维护问题，为此承担了高额的费用，因此他们更重视汽车的可靠性和使用年限。相比之下，其他一些人购买汽车是因为车有趣，或者是因为它运动型或时髦的外表。这些汽车的购买者正在从他们的购买行为中寻求利益——更新的或更好的形象,或驾驶时有趣的体验。

两个购买的理由——解决问题和寻求利益,都是获取新产品创意的可行来源。明智的企业在寻求新产品的机会时,会通过以下两种途径:

- 它们发现大的问题时,会利用其技术方法寻求大的解决方案。
- 或者,它们找出消费者从产品中获得的主要好处,即人们为什么购买该产品,然后力压竞争对手更有效地提供这种好处。

客户反馈工作可以帮助企业了解客户问题、客户所寻求的价值或好处。但是,有时客户遇到的问题或他们寻求的利益不是那么明显,甚至连客户也难以明白自身的需要,无法将它们诉诸语言。因此,企业需要开展探究工作,通过提问精辟的问题发掘出这些想法。

客户反馈工作的原则

客户反馈工作的关键原则很简单。首先,企业需要了解客户重视的事物——客户眼中的价值,而不是企业的科学家和工程师的想法。其次,探究客户们寻求的好处、客户问题或困扰。企业专注于客户未说明的、未表达清楚的或常常隐藏起来的需求。也就是说,企业需要超越客户的想法、客户的要求或一张产品规格的列表。"为什么"一词与"什么"一词同样重要。

客户反馈工作需要面对面地接触真实的客户。为了获得第一手的信息，整个项目团队都应该参与客户反馈工作，而且客户反馈工作应该在多个客户现场进行（不只是面对一个单一的领先用户）。此外，客户反馈工作应该尽早完成：那些带来最大影响的客户反馈研究都是在项目开始不久后就完成的。

在整个开发过程中，企业都需要客户的参与。这不仅仅是一次性的，而是持续的研究或交流过程，即从产品创意的建立，到早期的概念工作，一直到进入检验和矫正阶段。

客户反馈的方法

企业可以采纳以下六种方法进行客户反馈工作，以此获得新产品和服务的机会：

- 讨论组进行问题检测会议。
- 与客户一起进行头脑风暴活动。
- 客户拜访与深入访问。
- 去客户那里"野营"——运用人种学方法。
- 领先用户分析。
- 使用在线或基于信息技术方法的外包。

采用讨论组的方式明确重大问题

找到重大问题，然后寻求解决方案。这个方法要求企业聚集一群客户或潜在客户，参加问题检测会议。

案例：某家草坪拖拉机的制造商邀请了一些拖拉机的业主，参加周六早上在当地乡村酒店举办的活动。拖拉机放置在停车场展览，被邀请的业主可以摆弄或驾驶它们，也可对它们做出评论。公司的员工在人群中穿梭，与业主们交流，聆听业主的心声，做好记录。

提示：在客户云集的活动中，企业常常会展示产品样品，包括自家的和竞争对手的。鼓励客户们体验样品，发表评论，创造好的交流氛围。企业的员工置身客户之中，聆听并挖掘他们的想法，以此获得好的创意。整个过程也可以用摄像机拍摄下来。

然后，讨论组的主持人会将客户带到会议室，用开放式的、没有压力的问题开始此次讨论："介绍自己，告诉我们你的草坪拖拉机的情况"。讨论组活动是以开放的方式开始，进而缩小范围，专注于产生的具体问题。

下一个问题是："想想你最近一次使用拖拉机时，有什么不好的事情发生。请告诉我们。"随着讨论问题范围的变窄，问题开始出现并且需要长时间的讨论。每当热点或重要的问题出现时，主持人会专注于或深入探讨这个问题，会引导讨论的方向。但是讨论组不会寻求解决方案，只是确定问题。

与此同时，在另一个房间，企业员工们在闭路电视上观看整个讨论过程。他们是设计工程师和一些营销人员。一旦客户讨论组明确了问题，企业员工们就进入头脑风暴模式。他们提出解决方案，在活动挂图上绘制草图。

接下来，他们所提出的解决方案（一次一张白板纸）会被带入讨论组的房间，由客户们讨论和评估。拖拉机业主们会直接评论这些概念性的解决方案，而此时，设计工程师们仍然会在电视上看到这一切。更多的问题和矛盾会出现。但是有了这些新的信息和反馈，设计工程师们可以继续集思广益，提出更好的解决方案。

这个过程周而复始——从头脑风暴组到讨论组，然后从讨论组到头脑风暴组，直到得到理想的解决方案。这个方案需要得到设计师们的认可和客户们的同意。

邀请客户参与"创新日"的头脑风暴会议

企业可以与客户讨论组一起进行头脑风暴。企业将客户聚集起来，与企业的员工混合在一起，然后进行一系列的头脑风暴和逆头脑风暴。

虽然头脑风暴常被滥用，但它确实是一种流行的方法，任何受过一点训练的人都可以驾驭它。头脑风暴的理论是，在合适的情况下，只要消除了创新的障碍，即使缺乏创造力的人也可以变得有创造力。它最大的障碍是质疑和同行的压力。所以，在头脑风暴会议中，规则很简单：任何想法都是好的，不容许任何形式的批评。第六章会更多地讨论如何进行头脑风暴会议。

相比之下，逆头脑风暴恰好相反。这里的小组成员们会毫不留情地批评。一个团队拿出一个产品或解决方案后，小组成员们会进行头脑风暴指出它所有的不足之处，他们会尽一切可能地攻击打压这个产品。通过这样的方式，企业可以检测到产品的许多缺陷和问题，包括许多未知的问题。

案例：C＆K是ITT公司的一个业务部门，它主要制造种类齐全的工业开关。例如，打印机、笔记本电脑或台式电脑上的开关。它的业务主管举办了一个关于创新的"客户日"活动。销售人员努力邀请那些内行的关键客户参加，包括汽车行业、计算机和服务器行业、工业设备制造商，以及实验室和科学设备行业。邀请的演讲嘉宾会做出关于创新的启发性的演讲，以此让客户们在这一天有好的收获。当天企业举行了两个小组会议。

第一场会议：参加者们按细分市场或行业分组。每个小组都会收到一个挑战性的问题："你的部门或设备上的开关有什么问题？"每个小组里也有C＆K的技术和营销人员。在这个逆头脑风暴会议中，参与者们会得到很多关于开关的问题，如随着服务器逐年变小，开关占用了服务器上的太多空间；还有汽车安全带的开关（当你系上安全带时，那个开关熄灭仪表板上的灯）也有点问题，因为它们会有很多磨损。每个小组都列出了一系列非常有创意的方法，表明当前的产品和解决方案是有缺陷的。

第二场会议：当天晚些时候，主持人问同一团队，在逆头脑风暴会议中，他们发现的三个最大的问题或缺陷是什么。然后，成员们会就各个主要问题进行约30分钟的头脑风暴。此时，讨论会采用头脑风暴的原则——不允许批评！最后，团队迅速找出最好的创意，并给出一个简短的列表。

针对有问题的安全带开关，小组们得出的一个想法是没有移动部件的开关，即依赖于磁场的开关。在作者写本书的时候，C＆K正在和主要的汽车原始设备制造商(OEM)通力合作，用磁性的开关代替电机的安全带开关。这对于C＆K来说是一个巨大的潜力市场。

讨论组方法的优点和缺点：要深入了解客户反馈，讨论组方法是一种具有成本效益和时间效率的方法，因此被广泛地应用于各个领域，例如消费品市场。在上述案例中，讨论组主要是进行概念测试，但我们的建议是，它们也可以用于客户反馈的问题检测及引导创意的生成。企业较少使用正式的、由客户组成的头脑风暴的方法，包括逆向的和传统的头脑风暴，但从我们以往的经验可以看出，它们有自身的优点，特别是涉及内行的客户时（例如企业或专业客户）。

与只有两个或三个人的采访相比，8~12个人的小组讨论通常会更有动力和深度，也更加具有创新性和刺激性。因为一名小组成员可以吸取另一名成员的评论，由此提高了谈话和能力水平。团队还具有另外一个优点：虽然小组规模小，但企业如果仔细选择，可以很容易地将代表性的客户群体集中到一起。此外，大部分跑腿的工作可以外包给外部的市场调研公司。

然而，讨论组方法也有一些缺陷，小组参与者的数量相当有限，可能不能完全代表整个市场；小规模的样本数量也让企业几乎无法得出定量的结论。在企业对企业的情况下，要将不同地理位置的客户集合起来通常非常困难，可以使用的方法是贸易展。切记一点：企业不要邀请竞争对手参加同一个会议。另一个潜在的缺陷是小组讨论中可能存在偏见，例如，一个坚定的、重要的人引导整个团队得出了结论。如果这个人没有参与其中，该小组可能会得出相当不同的结论。最后，讨论组的方法是否有效在很大程度上取决于主持人的水平和中立性。一个带有偏见的或低效率的主持人会引导该小组得出无效结论，或根本没有深刻的结论。

进行客户拜访和深入访谈

要深入了解客户和用户未被满足的、未说明的需求，深入访谈是有效的方法。客户访问的程序通常包括拜访至少十几位客户或其站点，并且要以计划性的、系统性的方法进行。如果企业可以与客户和用户进行面对面的引导讨论，清楚地解释产品使用的内容，这样得到的效果最佳。对于创造新的产品、服务或市场，客户拜访和深入访谈是极佳的工具。企业要想更多地了解客户需求、想法、满意和不满意的原因，这个方法也是有效的。

在实际操作中，工作人员会确认客户信息，取得客户对于此次访问的同意。对于企业客户，尽量要安排一小群关键的购买影响者参与访谈。企业典型的采访团队要包括三个岗位的员工，并且是跨部门的——营销、销售和技术人员。务必要包括企业的技术人员，这样，他们可以面对面地与客户交流，直接获得他们的想法（而不是接收二手的、过滤后的信息）。不能把这项工作只留给营销人员！

企业要自己做采访，不要将这项研究外包出去。外包这类采访意味着研究公司会获得第一手资料，而企业只得到一个相当不现实的结果报告。唯一例外的是，企业可以引进市场调查公司，由其帮助设计这项研究，培训企业的员工，使他们明白如何采访和解释数据。

当进行采访时，企业要使用精心设计的对话指南。这个指南显示要问的问题和主题，确保采访内容的一致性和完整性。这些问题会挖掘出客户的需求、目的和想寻求的利益。企业也要确保这些问题的有效性。最好的问题往往是间接性的、推论性的，包括识别客户的好恶，以及他们的问题、困扰和未被满足的需求。图4.3和图4.4中的20个问题和主题就是其中的一个样本列表。

1. 它的用途是什么？你（客户或用户）怎样使用这个产品（描述你的使用方式）？
2. 你目前如何解决这个问题？或者你目前购买或使用什么产品（构造或品牌）？为什么？
3. 如果有选择，你目前会买什么产品（构造或品牌）？为什么要买这个？
4. 在你做出这类型产品的购买选择（你的标准）时，对你来说什么是真正重要的？
5. 目前可供选择的（竞争）产品在这些标准上做得怎样？
6. 在你认为的各个重要的事情上，哪个产品（或解决方案）的得分最高？
7. 哪个产品在各项上表现最差？为什么？
8. 这个使用方法给你带来最大的问题是什么？你真正的困扰是什么？为什么？你能想到有哪些解决方案可以解决你遇到的这些主要问题吗？
9. 对于目前这个产品的用途，你最满意的是什么？（试着写下关于竞争产品的具体信息）
10. 你对这些产品（或目前的解决方案）有哪些不满意的地方？为什么？
11. 你对这些产品有什么疑问？什么让你感到真正的烦心？你有哪些不能忍受的方面？为什么？

图4.3：这11个问题可以成为企业进行客户拜访和深度访谈时的采访指南。企业可以根据需要进行修改，以适应不同的市场和客户。

一旦完成采访，企业和采访团队应该花时间与客户接触，看看他们是如何实际使用产品的。通过观察客户使用产品，企业可以进一步了解客户未被满足的需求。

采访要问的后9个问题

特征：
12. 在新产品中，你寻求的是哪些新的特征或需提高的性能？
13. 你为什么提到这一特征／性能？为什么这一特征／性能对你来说很重要？
14. 这一特征／性能能让你做什么？
15. 这一特征／性能的产品目前有带给你问题吗？为什么？这一特征／性能的产品在什么方面不太有效？
16. 这一特征／性能的什么方面有效？
17. 在各种特征和性能特点上，你是怎样权衡的？

经济情况和未来前景：
18. 这个产品对你的盈亏有何影响（对你的成本或收益的影响）？
19. 未来可能发生哪些变化或趋势会影响你对这个产品／用途的需要和要求？
20. 新产品或新的解决方案需要什么？你是否有另外的一些建议？

图4.4：这9个问题涉及产品的特征及其重要性，以及更广泛的未来前景。

案例：智能水泵2000(Smart-Pump 2000)曾是一个结果糟糕的项目。它是由于一个客户的请求而产生的。这个客户问高质泵公司(Goulds Pumps)的销售员："你们为什么不生产一个智能泵——可以感知自身的操作环境，调整其操作模式的泵？这样可以尽可能降低磨损并减少泵的停工时间，也可以尽量延长泵的寿命。"一个了不起的创意！它径直通过创意入口，在没有做进一步的客户研究的前提下，进入发展阶段，成为发展项目——智能水泵2000。最终产品是一个具有多个感应器的智能水泵。感应器置于上游和下游，可以测量水压、流量和温度。这些感应器和一个微处理器相连接，这个微处理器控制变速电动机。这个水泵可以根据不同的操作环境改变它的速度，从而降低磨损，减少维修工作。

2001年，智能水泵2000大张旗鼓地上市了，但是它却沦为失败品。它所蕴含的技术是非常卓越的，但它的价值主张和产品却差强人意。

然而，不是一切工作都是白费的。高管层意识到该项技术仍然是可用的，所以他们又做了一次尝试。技术和营销人员接受了全面的培训，掌握如何获得有效的客户反馈，以及应用新的智能水泵的技术。由技术、销售和营销人员组成的团队深入采访重要用户，走访使用水泵设施的用户。

他们得出的结论是：虽然水泵的维护是一个问题，但它不是最重要的问题。主要困扰客户的是电力成本。这些水泵的功率很高，全速运作消耗大量的电力。参观团队还观察到，每个泵旁边有一个流量阀，经常处于半关闭的位置。用户解释："这是我们用来控制其流量的方法。"

这是十分不合理的："这就像驾驶一辆汽车，一只脚踩在加速器上，同时使用手刹控制速度……这很没有效率。"新的智能水泵的优点是显而易见的：是原有智能水泵的简化版，带有一个可以测量下游和上游流量的感应器，一个简单的微处理器和变速驱动器。当流量需求不高时，水泵会减速并且大大节省电力消耗。新的设备甚至不需要阀门，水泵就可以控制流量。改造后的智能水泵在不到一年的时间内节省的电力就让用户收回了成本。

该产品取得了巨大的成功。这说明，只有当企业员工通过观察和走访的方式深入开展客户反馈工作时，他们才有可能得到全新突破的技术。

客户拜访和深入访谈的优点和缺点：作为客户反馈的方法，深入的客户访谈具有许多优势。因为客户访谈是一种现场调查方式，它有助于企业深入了解客户的世界。此外，企业可以增强与客户的关系。由于灵活的采访方式和开放式的问题，企业可能会得到一些意想不到的信息，这是其他工具（如定量研究）无法获得的。最后，运用跨部门的采访团队可以推动成员们目标一致，共同理解客户的需要和期望。

客户访谈的一个最大的劣势是采访人员本身。采访人员可能带有偏见；还有因为采访人员没有很好地聆听，或者没有仔细地探究，他们没有得到很多的意见。第二个劣势是由于访谈成本的限制，企业只有有限的样本数量，这使得他们无法得出定量的结论。最后，这种方法需要大量的资源投入，包括用于探访的时间和金钱。

去客户那里"野营"——运用人种学方法

如果你想研究大猩猩，只有几只大猩猩的讨论组、一份电子邮件调查和一些访谈可能远远不够。你必须买一顶帐篷，住到大猩猩所在的野外。企业也可以采用这样的方式，企业搬进客户的家、办公室或公司，花时间观察他们，才能够明白客户的想法。一些领先的企业已经采用了这种人种学的研究方法，找到未被满足的需求和新产品机会。它被称为"野营""未察觉的观察者"或"日常生活中的研究"。它正式的术语是人种学。

案例：德尔格安全设备(Draeger Safety)是德国一家主营安全、应急和消防设备的制造公司。它们的产品线之一是生产酒精浓度测试装置，警察部门用它来测试涉嫌醉驾司机的酒精含量。该公司在欧洲的目标是建立一条新的产品线，但该项目缺少方向，也缺乏具有发展前景的创意。

企业建立了两个客户反馈的研究团队。研究团队在接受如何进行人种学研究的培训之后，出发到英国和瑞典进行"野营"训练。在这两个国家中，团队成员们都把时间花在警察局里，与警察们面谈。但真正的研究和启发则来自他们守夜的时间——"野营"活动。当警察们对司机进行夜间路边检查时，客户反馈团队跟随在警察身旁。这些研究提供了关键信息，帮助企业制造出具有显著竞争优势的新产品。

例如，英国的客户反馈团队很快就意识到，警察维持秩序的工作十分困难，他们要面对的是一整车刚从附近酒吧出来的年轻的饮酒者。警察总是命令涉嫌醉酒的人："留在车里！"，然后手持酒精浓度测试装置（因为担心HIV而戴着手套）穿过驾驶员的窗户，要求驾驶员对着装置吹口气。一般需要两分钟警察才能得到完整的数据。

与此同时，另一名警察停下另一辆车，所以目前有两车醉酒的人需要管理。显而易见，警察们需要管理的人数让他们担心——汽车中年轻人更多，许多人的身材是警察的两倍，但年龄是警察的一半（而警察可能恰好没有携带枪）。值得注意的是，白天警察们做正式访谈时，从未谈到这种担心。

针对警察们要管理的人数和担心的问题，团队成员们想出的解决方案是加快检查过程，缩短等待时间，因此他们的目标是显著缩短得出测试结果的时间。他们开发了一个十秒钟就可得到结果的测试设备，从而实现目标。

他们得到的第二个观察结果是，由于英国是靠左行驶，所以检测设备只能用于右侧驾驶员。因此，来自法国或德国的司机（左侧驾驶员）在英国开车被叫停时，警察无法对他们进行测试，只能挥手让汽车开走。没有人将这一现象报告给他们的主管，也没有警察在正式访谈中指明。它的解决方案是设计一个双向的测试仪器——一个带有手柄的吹口。它可以在测试设备的顶部转动，取决于停下的车是左侧方向盘还是右侧方向盘。

你明白了吧。有10个创意使德尔格的新产品线取得了巨大的成功，这里仅是其中的两个。虽然每个创意都不是突破性的创意，但将10个创意的优点叠加起来，新的产品确实成为重磅炸弹，也令警察部队非常欣喜。

如果处于一个企业对企业的市场，人种学另一个非常有用的方面是企业可以观察并了解客户的工作流程，注意他们在工作中如何使用产品。通过价值流分析，企业能够标出客户的工作流程。企业可以观察到客户工作流程的各个步骤，找到增值和没有增值的部分，然后寻求改进措施，进而企业可以为客户提供新的解决方案和新产品。

"野营"或人种学的优点和缺点：针对所找出的未被满足的需求，人种学是一种相对较新的方法。尽管这种类型的研究已经存在了几十年了，但是它的主要优势是企业可以获得深度信息。如果企业采取的方法恰当，这样的研究能够深度挖掘出客户的需求、想法、行为和市场中存在的机会，它远比其他任何方法能够更加深入地得到信息。

主要的缺点也恰恰在此。因为它要深入地得到信息，所以它需要很多的时间和金钱。对此，企业可以通过缩短访谈时间来减少时间的投入。例如，福禄克公司(Fluke)是一家手持式仪器的制造商，在进行"日常生活中的研究"时，它在各个站点花费大约一天的时间。企业也可以使用代理的方法，例如，约翰逊维尔香肠公司(Johnsonville Sausage)是美国的主要食品生产商，它在厨房中安装摄像机，观察住户们是怎么做饭的，以此为自身的香肠寻找新机会。

另一个需要留意的方面是，这种观察方法非常依赖研究者或观察者的水平。如果企业员工缺乏观察和聆听的技巧，或者不善于推论或整合信息，那么此方法就会失效。一个拥有工商管理硕士或工程学位的人未必会成为一流的文化人类学者，他们需要技巧和训练。

与领先或创新客户合作

如果企业与一般的客户合作，可能会获得一般的想法。但是，如果企业选定一组创新型或领先的用户，与他们密切合作，那么很有可能获得更多创新产品。与领先或创新客户合作是麻省理工学院的Eric von Hippel多年前率先提出的一种方法。最近在3M公司，这个方法作为发掘新产品创意的工具获得了极大的重视。

Eric von Hippel的研究表明，许多重要的产品最初都来自客户的创意，甚至是由用户，而不是制造商，制造了它们的雏形。他还发现，这些产品往往由"领先用户们"开发——一些公司、组织或个人远远领先市场的趋势，甚至能够提出远超普通用户的需求。采用此种方法的秘诀是企业要密切注意领先用户，他们是非常宝贵的资源。

与领先用户合作的方法有四个主要步骤。

1. 打下基础：确定目标市场和企业在这个市场中的创新目标（寻求利益相关者的参与）。

2. 确定趋势：与该领域中的人群交谈——对新兴技术和其前沿应用有全面观点的人。

3. 识别领先用户——一个建立关系网的过程。首先，项目团队成员开始寻找在该领域具有专业知识的人员，简要地向他们解释其需求，例如，针对该主题写过文章的专业研究人员或作者。其次，要求引荐认识更多有相关知识的人。根据Eric von Hippel的说法，团队要认识目标市场中的领先用户，这个过程不会很久。根据他们获得的信息，团队开始形成初步的产品创意，评估自身的潜力。

4. 开发突破性的产品：团队通过举办研讨会开启这一阶段，他们邀请领先用户们和关键的内部技术和营销人员参与其中。参与者先是分为不同的小组参与研讨，然后作为一个整体，明确最终产品的概念。

3M公司已经采用了这种方法在不同的领域中开发创新，从新的医疗产品到电信系统。除了3M公司，其他一些公司也这么做了。

案例：喜利得(Hilti)是一家欧洲领先的拆除、紧固和混凝土钻井设备的公司，它广泛地使用了领先用户分析的方法。首先，公司确定领先用户，即在建筑或拆除领域的创新和前沿客户。在这方面，喜利得的直销团队提供了指导。其次，喜利得的创新管理部门邀请领先用户中的一群人参加周末活动。企业的员工们观察并且聆听，试图理解领先用户们的问题。他们将从领先用户那里获得的建议和可行的解决方案塑造成了初步的新产品概念。喜利得的管理层声称，这种领先用户的方法已经被运用于企业的各个产品组上，带来了巨大的成功。

领先用户分析的优点和缺点：这一方法的主要优点是企业选择了一组具有创新性和创造性的客户，与他们合作。当企业与明智的、有创造力的人共同工作时，最终得到的创意和机会很有可能也高于平均水平。一旦确定了这些领先用户并且将他们聚齐在研讨会中，在研讨会中使用的方法与上述讨论组的方法大致相同，因此它们具有共同的优点和缺点。

这一方法的问题是如何确定领先用户。引荐是一种方法，但可能很耗时间或者带来一些问题。3M的管理层表示，他们做客户调查并询问客户是否修改了他们的产品。喜利得也使用相同的方法。

案例：喜利得曾有一个开发新吊钩（用于混凝土天花板悬挂管道的支架）的项目，并对水管工和安装工进行了调查。其中主要问题是，"你修改过吊钩吗？将它切割、弯曲、改变它的形状，或者添加了别的东西？"得到的大部分答案是，"不，我按照它们出厂的方式使用。"但少数用户表示："是的，我喜欢这样的修改……"这样的一些问题有助于喜利得找出那些具有创新性的和创造性的管道工。他们会被邀请参加周末聚会，通过一系列的小组练习，构思设计出一种全新的、具有革命性的吊钩。

尝试众包的方法——一个新的创意来源

如果你经常使用一个产品，你是否想过你可以比它的制造商设计得更好？我们大多数人都相信这点。一部分客户认为，他们比公司的产品设计师更聪明，他们可以设计出更好的产品。那么，为什么不让他们这样做呢？

众包是一种新型的、以用户为中心的创新。制造商不仅仅需要客户明确他们的需求，还需要他们定义产品或改善产品功能，来满足他们的需要。"众包"是非官方的说法。由于信息技术的发展，一些业余爱好者开始无偿地或以很低的费用为企业设计产品，生成创意和内容，很多时候爱好者只是为了好玩。众包依赖于一些自愿的客户，他们愿意廉价或免费地将创意转交给公司，使得这些创意可以投入生产，转化为产品。通过不断扩大、成本不断降低的信息技术，企业外部的人也开始进入设计流程，因此，将客户作为创意的来源是切实可行的。创建一个网页，邀请人们出谋划策！

客户花费那么多的时间生成创意和设计，他们的动机是什么？这和成千上万的技术人员无偿开发免费软件的原因是一样的。一些软件的操作系统几乎是免费的，例如Linux。他们这样做的目的是为了成就感、乐趣，或许是名声，但肯定不是金钱！同样的动机使得一些艺术家在墙壁上涂鸦，也有许多有才华的人贡献自己的时间和知识创建维基百科。但与专业的软件开发、涂鸦艺术品、维基百科，甚至更好的帆船装备的社区不同，众包的工作是由一家企业管理并拥有的，它们向别人出售其成果。

案例：Threadless是一家位于芝加哥的T恤衫制造公司。它的设计过程完全来自在线比赛。每周，企业会收到数百份的提交方案，它们来自业余的或专业的艺术家。Threadless会将这些方案发布在它的网站上，所有人都可以注册并且给每个方案打分。每周，4~6个分数最高的且有足够客户已预购的设计会被投入生产，这样才能确保它不会让企业亏钱。

每周的获奖者会得到价值2000美元的现金或奖品。他们真正的动机是让公众有机会看到他们的设计，并可能在公共场合穿上他们的设计，因为Threadless将设计师的名字放在每件衬衫的标签上。对设计师来说，它是一个可以发挥创意的产品；对客户来说，他们可选择的范围更广。从Threadless的角度来看，公司不需要雇佣设计人员，只要将资金投入到那些受欢迎的并且已被预先订购的T恤衫上。这不是一场革命，它只是将风险降低。

虽然大多数公司的产品比设计T恤衫复杂得多，但是这个方法可以进一步扩展，推动企业得到某些更复杂的产品创意。

案例：日本专业家具零售商Muji使用一个大约拥有50万用户的社区网

站Muji.net。他们从这个网站得到新颖的产品家具设计的创意。在网站上，Muji公司要求成员们预先评估该设计。排名最高的一些创意会被交给专业设计师，由他们制订产品生产的规范。

像Threadless一样，Muji之后会通过招揽客户预购的方式进行市场测试，而不是采取讨论组或调查的形式，或使用其他传统的市场研究的方法。简单来说，如果300个客户在线预订了某个产品，该产品就会投入生产。

Muji.net还设有网页，大力宣传最受客户欢迎的几个产品：
- 适合放在床头的台灯，无需电源插座。
- 租客可以使用的壁架，无钉悬挂。
- 小的立方体的豆袋椅，适用于不同的坐姿。

有趣的是，这个由客户提出的豆袋椅销量惊人，超出Muji其他模型的50倍！

Threadless和Muji以不同的方式将客户的设计融入它们的产品中。Threadless的整个设计和审批流程都外包给了大众。相比之下，Muji虽然是从大众中寻求创意和创新性的产品，但始终有专业的设计师参与其中。此外，Muji的整个产品线不依赖外部创意。

外部人员想要创造和提交创意、技术或者是专业质量的产品规格，以往会需要大量昂贵的内部工作，但随着设计软件和信息技术的进步，这些变得更加容易和便宜。例如，SAP是一家德国的软件巨头。在它的一个网页上，用户们可以登录预览新的软件概念，投票支持或反对它们，提出改进建议。宝洁推出的"连接+开发"计划也与此类似，向世界上任何人征求创意、产品和技术（第五章会详谈宝洁的"连接+开发"计划）。这样做的关键在于，这些众包的方法现在已经存在，而且一些领先的企业们已经在使用它们。因此，越来越多的企业可以通过一些方式从大众中获取创造力和智慧。

众包的优点和缺点：断定众包的方法是多么有效还为时过早。但是从积极的一面来讲，这个方法有望成为一个巨大的创意来源，因为通过它企业可以接触到比传统研究方法更广泛的大众。当然，观众的偏见可能会成为一个问题：参与者显然只包括那些登录到网页并花时间参与的人，因此他们可能不代表主流市场。另一方面，这些人是自己选择参加的群体，可能比企业的大众客户更具创造性和知识。

另一个问题是，这个方法似乎局限于一些相对简单的产品。很难想象某个客户会登录网页，设计或构想一个新的实验室仪器或电机控制器或者……可能吗？实际上，戴尔的客户通过在线装配可用的组件设计他们的计算机。这个在线设计的软件现在可供使用，并且每年都越来越好。

假如企业忽略客户反馈

如果企业忽略客户反馈工作，那么就失去了一些重要的创新机会。本章概述了六种不同的客户反馈方法，可帮助企业得到可靠或变革性的新产品创意（见图4.5）。现今的大多数企业还没有采用这些方法，或者没有正确地或坚持地使用它们。你已经了解企业们运用这些方法的案例，这些方法如何发挥作用，以及它们带来的结果。绩效最佳的企业通过客户反馈方法，得到了卓越的新产品创意并将这些新产品创意投入到它们的开发管道中。回顾上述的客户反馈六种方法,挑选一种或几种最适合企业需求和预算的方法。行动起来吧!

客户反馈方法和案例	描述
1. 用讨论组来明确重大问题,得出解决方案。案例:草坪拖拉机的业主	聚集一群客户组成讨论组,明确他们遇到的问题和困扰。企业的员工会在另一个房间观看他们头脑风暴的过程,讨论并提出问题的解决方案。讨论组会针对该解决方案投票并讨论,以便得到更进一步提升的方案。这个过程会循环往复,直到得出理想的解决方案。
2. 邀请客户参与头脑风暴的活动。案例:C&K和开关的公司	邀请客户们参与"创新日"的活动,包括一系列头脑风暴和逆头脑风暴练习。将企业的员工和客户混合在一起。在逆头脑风暴中,成员们会尽可能地来攻击这个产品,然后选出三个主要的缺陷,使用传统的头脑风暴的方法来得出创新的解决方案。
3. 进行客户拜访和深入访谈。案例:智能水泵	组建跨部门的采访团队、拜访关键客户,进行深入访谈。使用采访指南,提问间接性的、推论性的问题,帮助识别客户的需要、好恶和想法。另外,观察用户设施,了解产品的第一手使用、误用和滥用的情况。
4. 去客户那里"野营"——运用人种学方法。案例:德尔格安全设备	确定客户站点并外出到那里,花上至少一整天的时间(通常更长的时间)在他们工作的地方或家里。观察他们如何使用产品,了解操作系统和流程,寻求创新机会。
5. 与领先或创新客户合作。案例:喜利得	识别特定的创新型客户——那些领先于市场趋势的群体。通过与他们合作得到创意,邀请他们参与其主办的研讨会。让参与者以小组的形式来明确问题、好处、新的解决方案和创意,然后转移到更大的组来确定并形成最终设计。
6. 众包的方法。案例:Threadless和Muji	邀请企业的客户提供创意和内容,甚至设计企业的产品。使用信息技术和网页,让客户登录并提交创意和设计。将创意通过IT转发给其他的客户并让他们做评估。选出最优者,开展进一步的工作。

图4.5:这里总结了六种主要的客户反馈方法,可帮助企业产生新的产品和服务创意,从中选择一个或多个最适合企业的,向前推进。

第五章

采纳外来创意：开放式创新和创意的外部来源

Getting Ideas from Outside the Company: Open Innovation and External Sources of Innovative Ideas

人脑对待一个新创意就像身体对待一种陌生的蛋白质一样，它会选择拒绝。

——P.B. 梅达沃（1915—1987）

英国解剖学家，1960 年诺贝尔医学奖获得者在这一刻，你可以肯定，有某位科学家、某个小企业家或某个私人发明家正拥有你下一个新产品的种子……或者是可能让你失业的产品。不幸的是，这个人不为你的公司工作。企业对外界关闭大门意味着切断了一个巨大的创意和创新的来源，而大多数的企业恰恰是这么做的。本章重点介绍企业如何从外部获取创意，概述"开放式创新"的潜力，举例说明领先的企业们如何运用"开放式创新"，分享宝洁一个深度使用此方式的案例研究。本章还会探讨其他的外部来源，包括竞争对手、专利地图、贸易展和大学。

开放式创新

各大企业都面临着重大的威胁，即企业的内部研发还没有成为该行业创新的引擎，而且它们不断地错失机会。事实上，过去的几十年中，许多突破性的产品均来自大企业的外部。IBM眼睁睁地看着别人发明了迷你计算器、工作站电脑、个人电脑和平板电脑。宝洁在过去的近二十年未能推出一个新的消费者品牌（虽然他们现在通过新的商业模式重新参与创新）。默克（一家德国的制药集团）看着辉瑞销售其他实验室的成果，在药物行业中占据了领先地位。美国运通眼睁睁地看着其他企业创建现金管理账户、借记卡和互联网支付系统。AT&T见证了微波中继传输、全球定位系统、卫星传输和分组交换技术的产生。第三章介绍了主导企业为何缺乏外围视觉，以及为何无法及时响应突破性技术。开放式创新是这个问题的解决方法，可以帮助企业保持警醒，及时行动。

"不是行业中所有的聪明人都在为你工作，"切斯布洛(Chesbrough)这样指出。在被企业忽视的墙外，有太多的发明和创新正在发生。有许多创意、发明和创新来自由风险投资家投资的规模较小的创业型企业，其中许多企业创造了突破性的技术、创意和新的商业模式，打破了既定的类别和市场。因此，现在企业的竞争优势通常体现在利用发明上。这种趋势的意义是显而易见的，"如果企业忽视了那些不在其工资单上的聪明人，它就无法达到它的增长目标"。

企业是否遭遇了太多的NIH(not invented here)，即"不是在这里发明的"的综合征？领先的企业已经意识到：为了来自企业内部和外部的创意和新产品保持适当的平衡，企业需要开放式创新。为此，它们建立有IT支持、团队和文化的流程，利用外部的合作伙伴和联盟，寻求新的创意、发明和创新。开放式创新的目标是在未开发的"空白领域"里创造新产品、获得新技术，从内部生成的技术上创造更多的价值，加速开发项目。

采取纠正措施

那些最初错失良机的企业现在迅速采取行动，更加注重外部环境。宝洁的"连接+开发"计划是一项雄心勃勃的多方位项目。它面向全世界开展企业的创新工作，满足创意需求，目标是从企业外部获得50%的创意或项目。IBM如今努力地监管开放软件社区，也有更多的程序员致力于Java和Linux软件。默克公司为企业投资建立了企业风险投资项目，简化其药物开发流程，加快批准外部开发的化合物。美国运通公司现在为其客户提供企业费用规划的解决方案，其中许多方案都是来自公司外部。

当然，并不是每个公司都和IBM、AT＆T和美国运通一样。事实上，许多经营良好的公司没有错过机会，并且积极地参与外部创新。例如，美国空气化工产品有限公司(Air Products & Chemicals)在1995年正式开始开放式创新工作。他们成立了企业技术合作团队，目的是集中公司外部的科技资源，整合公司的力量实现这些科技设想。但是在这之前很久，每个空气产品的业务部门就已经积极地开展技术合作。与此同时，默克公司却眼看着辉瑞公司积极地进行外部许可的工作，包括引入许可和对外授权。多年以来，迪斯尼公司通过与外部公司合作的方式获得新方法（迪斯尼世界里隐形的垃圾处理系统）、新的通信系统（创新的电话交换），甚至是新材料（由旧的汽车轮胎制成的桥面板）。

开放式创新有何不同

与外部企业和人员进行的合作式创新已经有几十年的历史了，模式包括合资企业、在大型企业中的创业团队、许可安排，甚至是创业培育。开放式创新是更广泛的概念，不仅包括这些传统的合作模式，而且包括各种类型的合作活动和更多的合作伙伴。这一领域的早期工作归功于麻省理工学院的教授，如图5.1显示的Ed Roberts的"新颖性框架"。它表示了在不同的情况下，最有可能成功的创新和合作模式的类型。这一研究发表于1980年代，至今仍被认为是基准模型。图5.2提供了产品创新中常见的合作类型以及与外部关系的定义。

产品所需的技术

	基础	新的熟悉的	新的不熟悉的
新的不熟悉的	合资企业	风险资本或创业培育或技术性收购	风险资本或创业培育或技术性收购
新的熟悉的	内部市场开发或收购（或合资企业）	内部风险或收购或授权许可	风险资本或创业培育或技术性收购
基础	内部产品开发（或收购）	内部产品开发或收购或授权许可	合资企业（通常大企业和小企业）

产品的目标市场

图5.1：MIT的新颖性框架显示：在不同的市场和技术新颖度的情况下，哪些合作模式最有效。

许可和授权	有一个正式的合同表明企业向另一个企业出售其知识产权、技术或产品，通常有固定的费用和版税。
合资企业	有一个正式的合同表明两个企业会共同发展一个合并项目，共同协商和承担风险与回报。
联合开发	与外部合作商共同开发新产品或服务。可以是合资企业的一个小组或开放式创新计划，可以包括对等模式或供应商／客户的联合开发。
开放式创新	包括利用所有外部资源的创意、技术和创新来推动企业内部发展的协作开发，也牵涉到派生产品和不使用的知识产权的外包。
合作创新	与开放式创新和联合开发类似，但也包括正式的联盟，可以一起研究并开发新的产品和服务。
开放资源	由软件开发行业衍生而来，通常是没有组织的合作（通常没有所有权或报酬），创造的成果使大家都能获益。与众包类似，但不属于任一企业。
技术性收购	一家大型企业收购一家小型的技术企业，为了更多地了解一项技术，收购该技术，首先以低价进入市场。
风险资本和创业培育	企业将资本投放在小的、通常是高新技术企业并获得所有权。在培育模式里，大企业的管理层积极管理、指导培育小企业。

图5.2：有外部合作商参与的产品创新有多种模式。

在传统或封闭式的创新模型中,首先,输入的信息来自企业内部和外部的资源,包括客户意见、营销创意、市场信息或战略规划建议。其次,为了获得进一步的发展,企业的研发部门或者很快或者一段时间后对输入的信息进行开发、改进和完善。传统的漏斗即显示了传统的开发流程(见图5.3):在图中,大量的创意和概念被缩减,只剩下那些最契合当时该公司需求的创意。它的重点是公司内部开发技术和产品,并将其推广到市场上。那些没有被立即采纳的技术和创意会被搁置起来,以备将来使用。

案例:正是这些"闲置的"的技术让人们对施乐公司产生了诸多质疑,因为它未能在计算机领域推出它的发明。尽管施乐的股东没有受益,但其他人却受益了。那些从事新兴技术的员工离开施乐后组建了新企业,其中诸多企业(如3Com和Adobe)取得了巨大的成功。事实上,施乐公司衍生品的市值超过它本身。

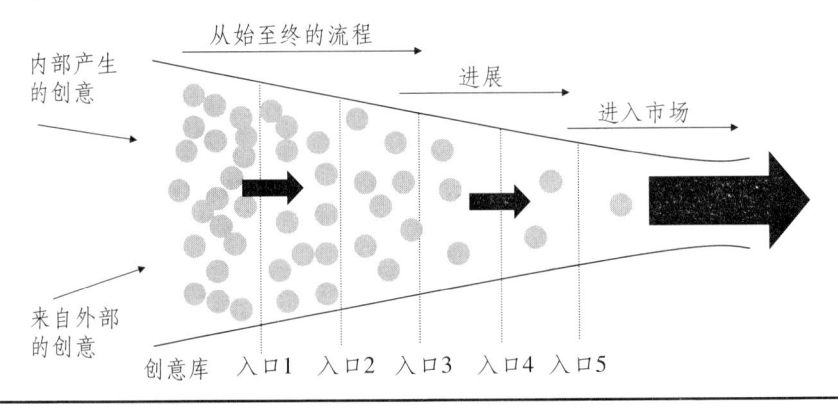

图5.3:在传统的产品创新中,流程犹如漏斗形状。来自企业内部和外部的创意会在一系列的入口处被企业筛选,进入开发阶段,最后投放到市场上。

相比之下,在开放式创新中,企业需要彻底地研究创新流程的三个方面,即理念、发展和商业化,从而在整个过程中创造更多的价值

（见图5.4）。

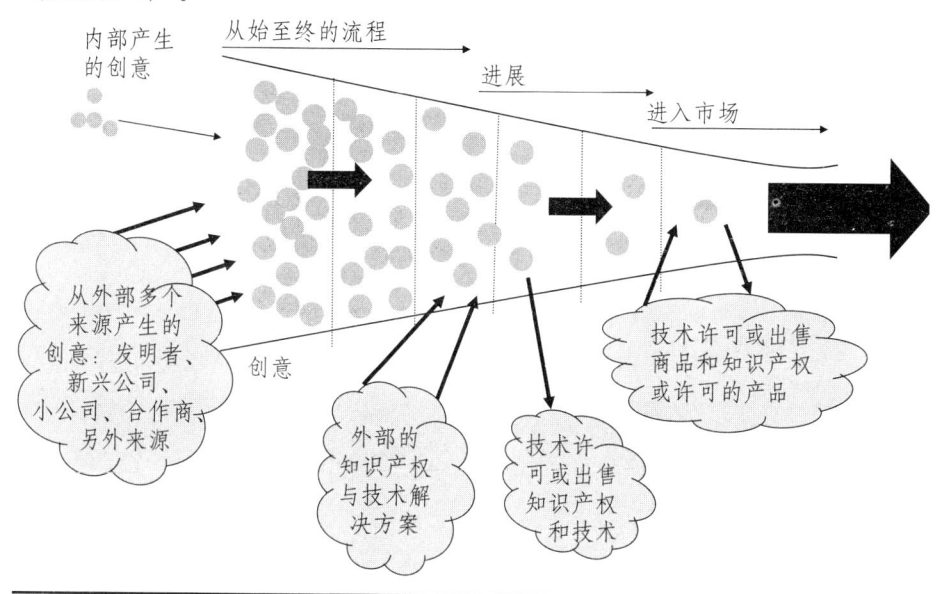

图5.4：在开放式创新中，创新技术和产品来自外部；产品可能是与合作者共同开发或共同营销的；或者许可开发技术。

- 构思阶段：在这个阶段，公司不仅着眼于外部，寻找客户们需要解决的问题或未被满足的需要，还要寻求其他可用的技术来源，例如发明家、初创企业、小型企业、合作伙伴等，并将其作为内部或联合开发技术的基础。

- 开发阶段：知名的企业寻求外援，由外部科学家帮助解决技术和发展的问题。他们会从其他企业购买已经被产品化或投入市场的外部创新。此外，在开发阶段，企业会对外授权或销售其内部开发的技术和知识产权，但需要确定销售的不属于核心业务的技术。

- 上市或商品化阶段：公司会对外销售或授权已经商品化的产品，以此在其他的领域实现更多的价值。或者，他们会引入许可，即购入已经商品化的产品,这可为公司提供直接的、新的增长来源。

案例:金百利克拉克公司(Kimberly-Clark)的"知识驱动创新"就是一个开放式创新计划。计划中,为了运用他人的专业知识和能力,企业要依赖多个合作伙伴。这些合作伙伴包括:

- 风险资本合作商;
- 合同制造商;
- 联合品牌和联合营销的合作商;
- 联合分销的合作商;
- 外部经纪人;
- 对内许可和对外授权的合作商;
- 联合开发的合作商。

金百利克拉克公司认识到,要促进持续增长并在动态市场中脱颖而出,公司需要一个更大规模的新产品创意渠道。公司的最终目标是利用外部的合作伙伴促进公司发展,提高公司现有品牌力量,获得外部的制造能力和新的独特技术,以及在未开发的空白领域创造出新的产品类别。

案例:好奇牌纸泳裤(Huggies Little Swimmers)是为婴幼儿设计的一次性纸泳裤,是金伯利克拉克公司几年前创新的一个新产品类别。2006年,公司本着开放创新的精神,与合作伙伴SunHealth Solutions一起,生产了目前与纸泳裤一起的免费紫外线传感器。这个传感器可以帮助父母检查孩子接触到的UV-B辐射。

并非全新的范式

开放式创新的模式并不是一个全新的模式。只是当公司寻求更多来自创新的增长时,他们发现传统的方法无法提供所需的大量创意或产品,因而开放式创新变得更受欢迎和关注。早在20世纪初,许多欧洲的公司就采用了大学和公共研究实验室（例如有机化学和X射线技术）里的创新。20世纪，有许多复杂的新技术需要多个合作商的努力，以及全新的商业模式（电力供应、核能和航空运输），因此许多公司对外授权它们的技术（例如，第二次世界大战后，这些公司向一些日本公司授权）。

传统的创新模式没有消亡，企业仍然使用漏斗模式进行内部的研发工作。事实上，许多公司在设计和开发新产品方面非常成功，而且主要是通过内部的研发工作。此外，这些公司多年来一直在适当的时候与合作商通力协作，相信它们以后也会继续合作下去。在宝洁，即使"连接＋开发"模式非常强调开放式创新，但巨大的推动力仍然来自内部正在进行的开发工作。宝洁也在持续不断完善它所采用的方法，如它们的SIMPL创意发布流程，以及它们为内部发展所设定的创意钻石模型。

为什么要调整到目前的模式

开放式创新突然获得了关注和成长，这是基于21世纪早期已经出现的关于创新的几个多重趋势：

● 首先，从20世纪90年代开始，股东和高管层们开始感受到巨大的压力，要推动企业的创新。在互联网热潮期间，人们开始有了通过创新完成快速增长的期望，创新的竞赛正在进行中。企业设定了雄心勃勃的创新目标，但是，精明的管理层意识到，这些目标无法通过传统的模式和方法来实现。企业需要新的创新来源,所以他们从企业外部寻求新的来源。

- 大型企业在经历了多年的辉煌之后,许多高管们终于明白,许多真正创新性的工作和突破往往不会来自行业中大型的、主导的企业,而是来自中小型的创业型企业。例如,20世纪90年代的互联网热潮和生物科技热潮都是由小型企业推动的,这使得这个真理更加明显——小型的创业型企业处于领先地位!

- 大学、政府实验室和机构对将其科学和发明商业化越来越感兴趣。对大学和非营利实验室来说,这已经成为一项大任务,而这两者都存在资金不足的问题。因此,大学或公共实验室不再只热衷于探究性的研究,他们也想有收入来源。

- 20世纪90年代,许多大公司,如IBM和礼来制药(Eli Lily),开始尝试开放式创新的新概念。他们开始利用其他企业甚至是竞争对手的创新资产、技术和知识产权。

- 研发和工程外包的可能性大大增加,特别是在一些发展中国家,如印度和中国。通信的普及加速了这种境外生产和业务外包的趋势和进程,例如1999年的"千年虫危机",美国企业被迫到印度寻求信息技术人才。从美国的角度来看,进入美国的科技人才减少,世界其他地区获得科学教育和博士学位的数量超过了美国,这些情况都加快了对离岸人才的需求。

- 互联网使得每个人都可以轻松地与其他人取得联系——不管是在美国政府实验室里工作的科学家还是在印度一所大学中教学的教授。从2000年之后,整个世界突然变得扁平化。

开放式创新的许多面孔

不同的企业已经以各种方式实践开放式创新。下面是一些案例（文本框内是一些可用于开放式创新的有效工具）：

> **互联网服务有助于开放式创新**
>
> 九西格玛(NineSigma)创建了新的开放式创新的商业模式，建立起有针对性的全球创新网络，可以识别世界上有潜力的相关人才并与他们取得联系。九西格玛与客户合作，准备项目的提案，通过开放的网络，将此请求分发给全球技术和研发的提供商。
>
> Yet2.com列出了它用于销售或对外授权的技术。现在它也允许客户发布他们的技术需求。
>
> Innocentive公司会代表其客户（主要是制造行业的公司）在互联网上提交他们的技术请求，奖励其中最佳的解决方案，奖励金额介于1万美元到10万美元之间。作为回报，发明人会将使用解决方案的权利移交给Innocentive的客户，而Innocentive的客户为其保密服务和对解决方案的评估向Innocentive支付费用。

美国空气化工产品有限公司：该企业的"识别并加速"计划帮助它明确企业的内部需求，以及外部合作伙伴怎样帮助它加速创新流程。它的主要重点是获取外部研发资源，推进公司自身的开发项目。它的外部合作模式包括：

● 通过与全球的研发供应商和公司内部的全球合作伙伴合作，企业可以进行研发和技术的内包（"内包"是空气化工产品公司所使用的术语；更正式的术语是"外包"或研发的"离岸外包"）。

● 通过基于互联网的贸易供应商，获得联系（本章的下半部分会更多地谈及）。

● 与政府合作（空气化工产品公司在过去的60年中一直这么做，特别是与美国政府的合作），其中包括：为联邦实验室的研发提供资金、作为承包商为政府进行研发、担任第三方的顾问获取政府的资助。

- 引入许可，即利用已经开发好的技术加速企业的产品开发（区别于企业内部开展的项目，围绕已经存在的技术进行研发）。

诺基亚风险投资(Nokia Venturing)：诺基亚已经超越了"不是在这里发明的"现象，并且使用多元方法迎接最好的创意：

- 诺基亚投资公司开展创业活动，旨在为企业的革新识别和开发新业务。
- 诺基亚风险合伙公司专门投资手机和与知识产权相关的创业企业。
- 诺基亚集团直接支持和培养新兴的创新者，希望他们未来有成长的机会。

斯伯丁(Spalding)：在商业体育用品类别中，斯伯丁通过创新振兴了公司，其中包括采用外部开发技术。斯伯丁推出了第一款含内置泵的篮球Infusion，销售额增长了32%。最近，斯伯丁推出了由Primo创新公司开发的"永不漏气"篮球。Primo是一家由来自美国宇航局和杜邦的两位博士建立的小型发明企业。

技术许可：卡特彼勒、夏普、陶氏化学、金百利克拉克公司、飞利浦和宝洁都是将内部开发的知识产权对外授权的例子。这样做的益处是可从未使用的技术中获利，发展有用的战略伙伴关系。例如，宝洁授权高乐氏公司(Clorox)使用其基本技术，从而使其得到了Glad密封包装。由此，宝洁能够利用这项专利的价值，和高乐氏组成成功的合资企业，而Glad已经成为行业中的领先品牌。

开放式创新的优势

开放式创新的明显优势是企业有了更多的创意和技术资源，从而推动企业的内部增长。此外，通过共享风险模型(shared risk model)，企业降低了开发创新产品的风险。例如，企业能够利用其他公司的资源进行内部研发。在风险水平较低和资源较少的情况下，企业可以进行战略研究，也有机会扩展其核心业务并创造新的增长来源。随着时间的推移，通过持续的接触和与外部创新者的联系，企业建立了更具创新性的文化。最后，通过授权或销售未使用的产品、技术和知识产权，企业不但可以从它的创意中获得经济价值，也可以让企业对于它内部可用的技术有一种"使用它或丢弃它"的紧迫感。

合作式的方法、合资企业和战略联盟的方式正在逐渐增长，因为公司是否会繁荣和增长取决于它们。根据Docherty的说法，"这很像一个生态系统，企业意识到它们的成功取决于在一个更广的潜在合作商的网络中，是否有一个相互依存的平衡。"在受访的美国高管中，64%的高管们表示他们计划在未来两年更多地使用战略联盟。几乎70%的高管表示，战略联盟帮助公司实现了增长目标，部分原因是它们会带来可观的回报，分担风险。在一项主要的管理实践研究中，"开放市场创新"首次被纳入25个关键的管理工具中。据调查显示，超过24%的受访者使用了这项工具。

关于开放式创新的忠告

创新合作和外部联合不是新概念，当然也不是灵丹妙药。最近推动开放式创新的书籍和文章仅仅基于少数几家公司和案例研究。他们在合作和创新合作领域中没有长期研究，而那些研究可以为创新上的合作提供深刻见解，进一步帮助企业了解其优势和容易犯的错误。

一项全面的针对88个开发项目（其中一半是合作模式，另一半是内部研发）的研究表明，在任何绩效指标上，合作项目和内部项目之间没有实质上的绩效差异。无论什么类型的绩效评估（包括财务结果、是否遵守了预算和时间表，或者新产品是否开辟了新机会），与内部项目相比，合作项目没有带来更好（或更差）的结果。以下是这项研究得出的一些有用的结论：

- 外部关系的建立和维护确实需要时间和努力。企业需要细致评估新产品项目的潜在收益，确定新产品开发应该选择怎样的模式。管理人员必须仔细审查开发项目，确保合作模式确实符合项目的性质。
- 关注合作关系的潜在成本。例如，研究发现，合作项目的投资回收期远远长于内部项目。合作项目也可能消耗更多的资源，因为企业需要花费额外的成本和时间管理复杂的合作计划。
- 要对创新合作的结果有现实的期望。例如，企业在投入一个新产品合作开发项目之前，要确定合作方之间如何分配利润。

同样的，在过去几十年中，其他一些关于合作或聚焦于外部创新的研究也揭示了开放式创新的支持者们没有提到的一些弱点：

- 当有外部的合作伙伴参与新产品开发时，这个过程存在不确定性。这些问题来自合作伙伴的选择、每个合作伙伴参与和投入的时机和程度、合作伙伴提供正确见解的能力和意愿，以及要共享的知识的性质和程度。
- 新产品开发与合作伙伴间的紧张关系可能会抵消其经济和技术优势。例如，对知识产权分配的不同意见可能会为合作带来一定的困难。
- 在制造业的合作关系中，一个合作厂家所面临的风险可能是只成为其重点客户的分包商。
- 在与客户合作的情况下，共同开发可能导致无效的新产品，因为客户专业领域的知识有限。企业仅专注于单一的客户，而不是整个市场。

对那些将合作视为创新的单一解决方案并忽略多种选择的企业而言，这些研究的结论可以作为警示，因为多种选择不仅存在，而且在不同的情况下可能更合适。许多研究的结论强调了这一点：创新和外部合作不是成功的法宝。

宝洁公司的"连接＋开发"模式

开放式创新在宝洁有了最成功的应用。现在，通过企业非常有效的"连接＋开发"计划，整个世界都已经成为宝洁创新构思的源泉。通过信息技术，宝洁的精心设计、方便用户的网页向来自世界各地的创新人员、有创意的人、发明家、合作商和善于解决问题的人敞开了大门。

从研发到"连接＋开发"

宝洁认识到，内部研发实验室中传统的创新模式不会带来未来所需的创新型产品。例如，在宝洁公司，"自己发明"的模式明显无法维持其高水平的顶线增长。大数定律已经困扰着宝洁，并且正在困扰着很多行业。例如，如果企业的目标是销售额的30%来自过去五年推出的新产品，这意味着像宝洁一样年销售额700亿美元的企业必须生产价值40亿美元的新产品。

"连接＋开发"模式背后的理论是，伟大的创新来自所有人都看得到的事物，但可以用不同的方式将它们连接起来。宝洁正在寻找的就是那些不合逻辑的、不可预测的和不明显的联系，以及技术的组合，使其远远超出它们的预期用途。以意想不到的方式将技术连接起来是创新的核心。在构建"连接＋开发"模式时，宝洁公司的管理层认识到，他们最好的创新来自将内部业务的创意连接起来。一项研究调查了从企业实验室之外获得的一些产品，针对这些产品性能的结果表明，外部联系也可以为企业带来产生巨大利润的创新产品。宝洁的首席执行官断定这些连接是未来发展的关键，因此它设定了目标：从企业外部获得的创新会占据50%。该战略不是要替换掉宝洁的7500名研究人员和其相关员工，而是要更好地运用他们。这个新系统的发明者说：

"我们需要改变公司的态度，从抵制'不是在这里发明的'转向拥护'在其他地方发现的'。我们需要改变研发部门的定义方式，以及如何认识它们，从7500名的内部人员到7500名加150万的外部人员，它们之间有一条可穿越的边界。"

宝洁的目标很简单，在合作方面比其他任何公司都做得好，并且在各个业务领域，在识别、建立并利用与一流合作商的关系上做到最好。人们可以登录它们的网站，更多地了解宝洁的"连接＋开发"模式：www.pgconnectdevelop.com（见图5.5中的样本内容）。该网站邀请普通人和企业提交其创意和建议，可以是成品、包装、技术、流程和商业关系，这些提议可能带来变革性的创新，应对未被满足的消费者需求。网站要求提交不同类别的内容，包括：

- 变革性的技术或包装。已被验证并可以快速满足消费者需求。
- 现成的产品或设备。它已经在使用中，并且有证据显示消费者对它感兴趣（该产品应为现有类别或品牌提供新的消费者利益，已经面向市场，且已获得专利或正在申请专利）。

该网页会引导发明人或提交者浏览一系列问题，包括同意一些法律上的要求，以便他们提交创意、产品或技术。如果提交的是技术，那么提交者会进入一个不同的网页，需要回答一系列专门为技术提交而设计的问题。

P&G connect + develop

PG.com | Connect + Develop Home | Search Technologies | Submit Product/Technology

- 我们正在寻找现成的、会带来变革性创新的产品、包装、技术、流程和商业关系，应对未被满足的消费者需求。
- 你有变革性的技术或包装吗？
  - 它已经被验证并可以快速地满足消费者的需求。
  - 它是一项变革性的技术或方法。
- 你有现成的产品或设备吗？
  - 它已经在使用中，并且有证据显示消费者对它感兴趣。
  - 该产品为现有宝洁的产品类别或品牌提供新的消费者利益。
  - 该产品已经面向市场，并且已获得专利或正在申请专利。

图5.5：宝洁的"连接＋开发"网页的一些摘录说明了该页面如何为人们和企业提供详细且方便使用的流程，以便他们提交创意、产品或技术。

除了关注外部的网页，"连接＋开发"模式还包括其他组成部分。例如，企业有一个创新网（InnovationNet），企业的研究人员以它为平台可在公司内部交换信息，建立联系。它的目标受众是公司内的18000名潜在的创新者。此外，宝洁公司还使用九西格玛的软件，将登录该网页的外部科学家与最能利用该技术的企业员工联系起来。另一个工具是Innocentive，它是一条基于网络的纽带，将世界各地的数千名科学家联系起来。针对该企业发布的技术问题，他们可以随时提交相应的解决方案。这个网站的成功率约为50%。

这个方法有效吗

当宝洁公司使用该方法开发产品或营销,并且取得成功时,这些产品就是证明该方法是否有效的证据。今天,宝洁公司有超过35%的新产品都源自公司外部的创意,远远高于2000年的15%。在目前的产品开发组合中,45%的项目所具有的一些关键要素是由外部发现的。公司的创新成功率增加了一倍多,而创新成本却下降了:研发投资占销售额的百分比从2000年的4.8%下降到目前的3.4%。而且,在过去两年中,宝洁公司推出了100多种新产品,其中一些方面的执行工作来自公司外部。以下是一些示例:

● 通过收购新推出的炫洁(SpinBrush),宝洁快速地将优质的口腔护理产品推向市场,而不需要花费时间和费用开发全新的产品。这也使得发明人将他们的产品与市场的领先品牌连接起来,从中获益。

● 几个玉兰油护肤产品正在使用新的乳液压头,而它最初是由一家欧洲包装产品的公司开发的。这样的合作使得开发商可以凭借已经建立的全球品牌,获得更大的回报。

● 宝洁发现了速易洁品牌(Swiffer)的完美补充,是由一家日本的竞争企业开发的一款手持式除尘器。这种合作使得小型公司可以进入它们以前没有占据的市场,并与宝洁公司建立持续的双赢合作关系。

定位企业以获得外部创意、概念和产品

开放式创新的问题是,它已经是一个很宽泛的术语,涵盖企业与自身以外的所有人发生的所有事件——从研发和营销的外包到获取私人发明家的创意。在上述不同企业的案例中,如何理解和落实"开放式创新"所带来巨大的差异。那么,从何处开启开放式创新呢?

开放式创新的作用

本书主要谈论企业如何获取创意、概念和发明,以此供给企业的开发漏斗或管道。因此,开放式创新应该发挥以下作用:

- 越过传统的企业内部和外部的创意来源,从企业外部的各种来源搜索新产品或服务的创意。
- 寻求已经开发好的产品(或已经上市的产品),企业可以将其直接推广到市场(例如,引入许可或营销协议)。
- 寻找可以为企业带来新产品的技术,包括那些正在开发的或已经完全开发好的技术。

下文列出了一些建议和提示,介绍如何将开放式创新整合到企业

的产品创新工作中。

设计和落实流程

制订流程不是全部的答案，而是起点。首先，企业要确定其创意的潜在来源，然后制订流程，解释企业如何获取、处理、加工、评估和进一步推进创意和技术。这是一个相当复杂的过程。企业也很可能从信息技术中寻求投入，例如一个可以从企业外部获取创意和技术的网页（如宝洁）。对于所获得的创意和技术，企业可以设计成这样的系统：即公司内部（或甚至包括外部人员）有才能的员工对其评估、审查，以及跟踪每个创意及其进展，或者一个易于获取的电子库，存储那些没有使用的但有潜力的创意。

案例：多年来，宝洁一直依赖强大的创意启动流程或门径系统，将内部的开发项目推向市场。宝洁所使用的模型被称为SIMPL。SIMPL发挥了非常重要的作用，帮助宝洁在过去十年获取了成功的产品创新。但在开放式创新大行其道的时代中，SIMPL也做出了调整。因此，目前最新版本的流程——SIMPL3.0也融入了外部的"连接+开发"的项目。

采取必要的文化变革

我们要意识到，开放式创新已经被广泛接受。虽然这一事实显而易见，但当企业内部的技术团队意识到它可能会对其工作保障、自尊心和重要性带来威胁时，肯定会产生相应的抵制情绪。因此，企业与其内部技术团队的沟通是至关重要的。通过这样的沟通，技术团队可以了解新的模式及其原理，也能更好地体会到他们的作用比以往更重要。要减轻阻力，企业还需要采取适当的奖励和表彰，例如不管内部团队的创意或解决方案来自哪里，都对其进行奖励。

把资源落实到位——组建集"搜索、连接和开发"于一身的团队

开放式创新不是免费的！事实上，企业要开展大量的工作，包括寻找多个外部来源以获取创意和技术，审查和评估创意，在具体项目上与合作商开展合作。上述案例中采纳开放式创新的公司都组建了正式的组织或团队开展创新工作：诺基亚的风险投资集团、宝洁的"连接＋开发"团队，以及空气化工产品有限公司的技术合作集团。征求、审查、评估和完善来自公司外部的创意、概念和技术，企业需要花费很多的精力。我们可以学习风险资本家，他们在做出投资决策前都习惯看几十个，有时几百个创意。因此，企业必须有组织地进行这项工作，并为此提供适当的人员，即建立一个集"搜索、连接和开发"于一身的团队。另外，企业也应该意识到，越来越多的研发或传统开发的预算需要分配给开放式创新。

了解在何处开展搜寻工作

在寻求创新理念并对其进行初步筛选的过程中，企业需要配备合

适的员工，同时他们拥有合理的心态。如果企业为其"搜索、连接和开发"团队选择的成员目光过于狭隘，比如，他们仅在传统或明显的地方（例如其他的大企业或网上的公告栏上）进行搜索工作，那么企业将会错过许多机会。如果选择的成员缺乏创造性思维，对未来也没有想象力，那么他们肯定会过滤掉很多的创意，只留下那些最保守的想法，这会导致企业再次错过变革性的产品。

相反的，如果企业可以配备那些具有开放心态的创意人员，并使其有机会接触、评估非传统的创意和灵感的来源，包括发明家、大学、创业型企业、小型企业、国内外政府实验室，它们很可能带给企业的就是下一个突破性创意（见图5.6）。

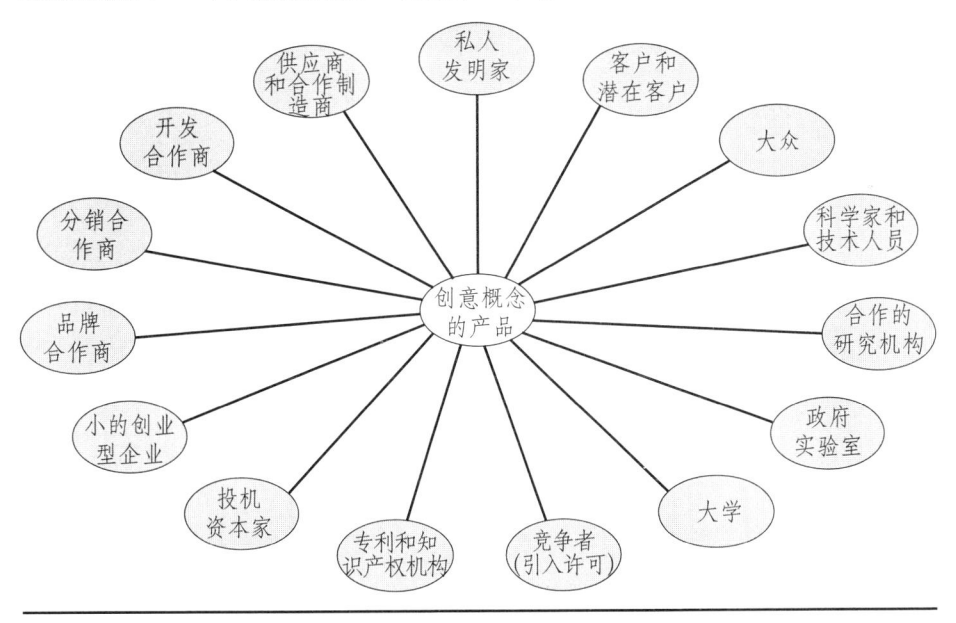

图5.6：在搜寻新的创意、概念和开发好的产品时，企业采用了开放式创新。企业要拥有开放的心态，尝试多种创意来源。

学会与风险共存，应对风险

不要将传统思维和标准运用于那些冒险性的创新项目。过于严格的标准会淘汰大部分选项，只留下那些毫无风险的选择。在大多数公司中，传统的研发项目在经过门径创新系统中的各个阶段和入口时都要接受严格的审查。在各个入口，它们需要满足特定的标准，才能确保资源到位并进一步向前推进。在这些标准中，很多是财务方面的。如果企业对这些开放式创新的概念或潜在项目采用同样严格的财务标准，它们将无法达到标准。因为这些项目存在太多的不确定性和未知数，而且要做判断也为时过早。

应对风险意味着企业需要改变它的文化，也要准备好在更多的有一定冒险性的项目上投下赌注。它还意味着企业会采用一些非传统的标准评估这些更高风险的项目。例如，企业可以考虑使用记分卡的方法代替传统的工具，用它们评估这些潜在的项目。

实践规则

虽然开放式创新对企业来说是一个相对较新的商业模式，但是这并不意味着企业要抛弃它所有有效的业务操作和规则，开始全力使用开放式创新。我们可以向风险资本家学习——他们实践规则，建立了一系列最佳的操作，筛选审查可靠的创意和概念，并进一步将其向前推进。企业可以运用不同于传统项目的门径流程，其中的一个是为高风险技术开发而设计的门径过程。第七章会更多地谈到关于项目评估和推进的内容。

超越开放式创新：其他外部创意的来源

还有其他的可以带来新产品和服务的外部创意来源，并且可能超出公认的开放式创新的范围。其中许多都是为人所熟知的来源，所以我们不会在本书中花费太多的时间讨论它们。但是，不要只是因为这些来源已经被熟知而忽略它们。它们是经过验证的并且可以带来极佳新产品创意的外部来源。

专利地图

专利是获取有效信息的重要来源，包括新产品创意，但它往往被忽略。专利包含的信息量巨大，要获取并理解如此巨大的信息确实会带来挑战。例如，截止到2005年5月，全球共有近4200万件专利申请并且还在以每年约4%的速度增长。

专利地图涉及提取并理解大量复杂的专利数据，并将其转化为一个或多个有效的描述来帮助企业制订商业决策。它的目标是从原始的专利信息中获得可行的情报，帮助企业做出适时的、明智的决策。一般来说，这个地图是图像化的，如图5.7所示。它通常是由外部的专利制图公司或内部的专利地图专家准备的。

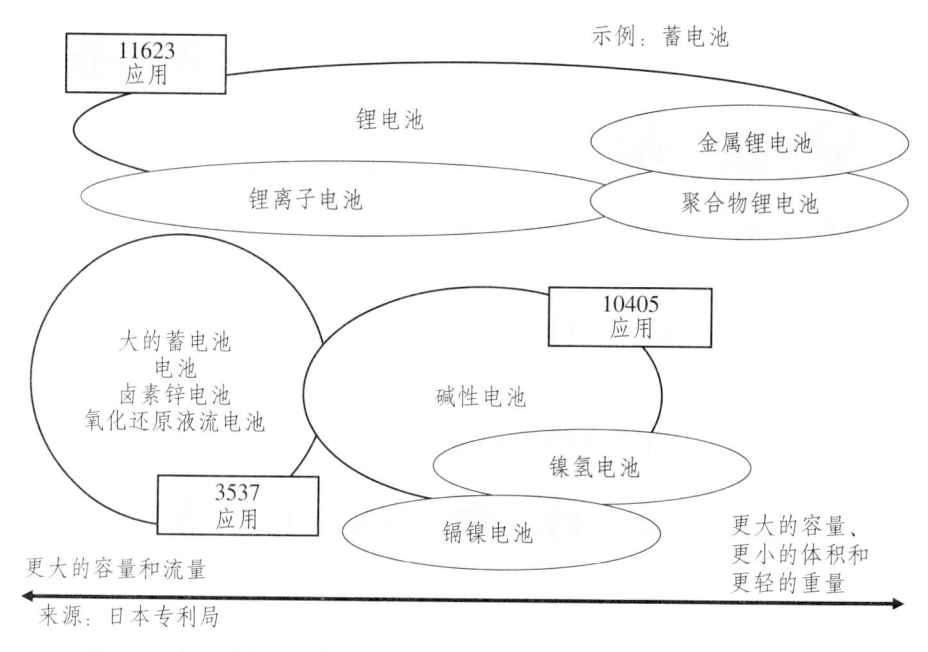

示例：蓄电池

11623 应用
锂电池
金属锂电池
锂离子电池
聚合物锂电池

10405 应用
大的蓄电池
电池
卤素锌电池
氧化还原液流电池
碱性电池
镍氢电池
3537 应用
镉镍电池

更大的容量和流量 ←——————→ 更大的容量、更小的体积和更轻的重量

来源：日本专利局

图5.7：企业可以使用专利地图来确定竞争活动激烈的领域。这是一个信号，表示该领域是否"热门"，以及是否值得关注。

对于创新企业，专利地图可以帮助它的使用者将知识产权的领域概念化，并确定新产品创意和选择的开发领域。例如，如果在一个特定的领域中有相当多的专利和申请活动，这是一个信号——技术专家集中在这个领域，或者更重要的是，管理层认为这个领域是足够有趣的、值得花费时间和金钱申请专利。因此，企业可以找到技术上的热点，即新兴领域和被视为具有潜力的领域。请留意，预测者和未来学家通常将对某一领域的引用次数作为预测趋势或事件的手段,如杂志或报纸中提到某件事物的次数。奈斯比特(Naisbitt)的《大趋势》一书就是基于某件事物在印刷品中被引用的次数。

案例:一家主要的化学企业进一步使用了专利地图。通过访问网上的专利局(例如美国专利局),专利制图人员深入到技术领域,识别不同的专利,按照竞争对手对其排序确定竞争对手正在开展的研发工作。企业可以知道这些专利所属人的名字,也可以搜索到他们的出版物和会议论文,甚至他们在大学时期的博士论文。通过这样的方法,企业可以得到可靠的、基于技术活动竞争的分析。

这种类型的分析不仅帮助企业了解其竞争对手的前进方向以及他们正在进行的工作,也了解该竞争对手可能推出怎样的新产品。通过了解竞争对手的研发方向,预期其将要推出的产品,企业能够确定需要怎样的新产品,确保保持领先或至少与竞争对手相同的地位。因此,这种方法成为由战略推动创意开发的来源。

对研究人员而言,专利地图也涉及一个关键的问题:我们需要怎样"转化操作"避免专利相关的障碍?对产品开发人员而言,专利地图有助于选择产品的组件和功能,减轻知识产权的风险并更快地上市。

竞争对手引发创意

竞争对手是获取新产品创意的另一个有效来源。这里的目标不是复制竞争对手的产品,因为山寨产品的成功率较低。企业要做的是找到好的新产品创意并且开发具有竞争优势的新产品。一般来说,了解竞争对手的产品将激励企业团队获得更好的产品创意。

企业要意识到，成为行业的创新者不是产品创新的唯一战略。事实上，没有明确的证据表明，首先进入市场一定会取得成功。有无数的例子表明先驱企业们失败了，但当另一家企业从中吸取教训，再次推出产品时，第二个推出产品的企业会做得更好。由此可以看出，成为快速跟随者是产品开发中非常可行的战略。但这里的关键是成为快速跟随者的企业不会只是单纯地模仿竞争企业，而是能够抓住有竞争力的创意，推出更好的产品。

案例：精密生物制剂公司(Precision Biologics)专门开发用于医院诊断检测的试剂盒。作为一家规模较小的公司，企业没有足够的资源在这个快速发展的领域不断开发出创新性的、独特的诊断技术。事实上，它的战略是密切关注更具创新精神并且财力雄厚的企业，观察其竞争产品是否畅销，然后开发并推出比竞争对手的产品"独特的更好的"东西，即"在客户眼中有较大区别的简单创新"。通常，企业在医院进行的全面的客户反馈工作是"独特的更好的"的关键。这样的模式已经取得了成功，并使得这家始于1994年的小型企业在1996年至2006年十年间的销售额实现了26.5%的年复合增长！

要定期调查企业的竞争对手，也要定期全面研究竞争产品（特别是新产品）。企业可以获取竞争对手的新产品样品。一旦得到了样品，可以从技术的角度彻底评估产品。接着，组织企业内部的头脑风暴会议，讨论基于竞争对手产品的进一步提高方案。更好的是，企业可以使用逆向的头脑风暴分析其竞争对手的产品，识别它在哪些方面需要做出调整！在这个过程中，企业要确保了解已发布的数据或企业的销售团队和客户，并且由此确定产品在市场中的地位。进一步了解产品的广告和标语：明白竞争对手强调的内容，或这个产品是如何定位的，这些可以为企业自己的新产品带来新见解。企业也可以使用客户反馈评估竞争对手产品的优势和劣势，进一步了解企业该如何做到

"独特的更好的"。

另一种具有一定前景的有效方法是预测竞争对手的产品路线图。也就是说，挑选企业员工组成团队，使其扮演一个在特定的产品市场领域中的竞争对手的角色。这个团队会彻底地分析竞争对手，研究竞争对手最近和以往发布的产品，以及这些产品的发布时间和地区。他们还会观察竞争对手的专利活动，例如竞争对手正在申请什么专利。基于这些和其他的竞争信息（例如，媒体和公关声明、年度报告、对其当前产品线的分析），这个团队会在该产品市场领域中制订出一系列预期的、有竞争力的新产品，即可能的产品路线图，它会标示出具有怎样性能的新产品推出时间。企业召开战略会议，了解竞争对手可能推出的产品战略是其中的一项宝贵投入，可以帮助企业明确所需的新产品。例如，企业需要回答的战略问题是，"鉴于我们竞争对手可能在未来五年推出的产品以及时间点，我们需要怎样的新产品才能保持领先的地位，甚至超越他们？"

贸易展——极佳的创意来源

贸易展是以相对较少的花费发掘出许多创意的绝佳机会。你能在哪里找到一个场合，可以显示企业所处的领域中所有新的、供大众消费的产品？你还能在哪里能找到这样一个地方，客户会根据展示的新产品随时发表意见？

企业可以制订参加贸易展的计划。首先，要得到一份与企业所处行业相关的展会列表。其次，至少安排一人去参加各个展会，即使企业本身没有参展，因为企业参加贸易展的唯一目的是获得新的产品创意。这不应该是社交活动，而是一项严肃的搜集情报的任务。企业要为情报人员配备一个速写本和一份主要参展商的名单。情报人员的任务是参观各个关键展位，列出和描述展出的新产品。他们可以通过宣传册获取更多的详细信息。行程结束后，企业的情报人员要做的就是向新产品小组的其余人员正式汇报："这是我在展会上发现的新产品，这里有一些我们可以利用的产品创意。"

行业出版物提供来自世界各地的创意

正如大多数情报人员所证实的，大多数的"情报信息"来自公共领域——这只是一个如何以常规的、协调的方式来获取它们的问题。

行业出版物通过广告和新产品声明汇报新推出的产品。像一个贸易展一样，这些出版物为企业的开发小组提供了灵感，帮助他们构想出更好的创意。不要忽略国外的出版物：在某些国家中，它们的新产品可能比你们的产品提前几年或几个月上市；也可能介绍企业所不熟悉的竞争对手，这些竞争对手可能正生产一些企业从未见过的产品。因此，企业可以聘请一家外部搜索公司，收集国内外特定期刊中相关的广告、文章和声明。或者，企业可以建立一个内部的搜索团队，团队中的各个成员会负责不同的出版物。现在，大多数的出版物可以在线获得，这使得通过出版物搜集信息比过去更具成本效益。

供应商——一个尚未挖掘的来源

供应商通常是新产品创意的有效来源，特别是当供应商是一家拥有充足的研发资金、客户应用或技术服务设施的大型企业时。供应商也在为他们的产品寻找新的用途，也经常为他们的客户献计献策。企业可以组织技术和营销人员定期访问供应商的实验室和技术服务设施，并与供应商的技术人员保持密切的联系。企业的供应商们有可能正在开发某个项目，可能帮助企业获得下一个大获全胜的新产品。

大学——企业背后的智囊团

大学的教授和研究人员是一个潜在的突破性创意的来源。在科学、工程或医学领域工作的学者们可以提供有关其领域发展的大量信息，可能为企业下一个突破性的产品撒下种子。

案例：20世纪60年代，美国国防部发起了将电脑连接起来的项目，称为DARPA。DARPA在当时没有实际用途，但不久后，一个斯坦福的研究生在DARPA网络上设立了一个小装置，他称之为工作站。最终他创立了一家名为美国太阳微系统的公司(Sun Microsystems)，进而代替了斯坦福大学网络(Stanford University Network)。

那时，有个研究生和她的丈夫组成了一个团队。他们建立了一些移动数据的小盒子，这些小盒子他们称之为"路由器"，并开创了一家名为"思科"(Cisco)的小公司。20年后，这项技术才进入市场。

斯坦福大学商学院的一项研究显示，各个不同的信息及其传播是创新的关键。这项研究表明，最有创意的企业家在社交上花费较少的时间，更多的时间是花费在与多元化的团体建立关系上，包括认识的人和陌生人："如果企业家花费更多的时间与一个多元化的团体建立关系，包括各个强弱的联系，相较于一个限定在固定关系网中的企业家，他们获得创新产品的可能性会高出三倍。"不足为奇的是，具有多元化特性的大学被证明是一个有效的搜寻领域，创新型企业可以从中寻求新的解决问题的方法，以及具有变革性的产品。

案例：宝洁公司猜测，他们冷水清洁问题的解决方案将来自一个实验室中，当时它正在研究在极地冰盖下的微生物所进行的酶反应。奥克兰大学是当时世界上与宝洁公司有既定协议的四所大学之一，共同进行开发式创新。它不仅成为南极洲的酶的来源，也在整个地区成为当地企业和行业的相关枢纽。

然而，大学的研究人员可能不明白其工作的商业潜力或缺少将其商业化的能力。为了开发这个资源，企业可以考虑与各个大学相关领域的研究人员建立联系。当这些后来建立太阳微系统和思科的研究生正在构思他们的创意时，IBM和AT＆T又在哪里呢？为了帮助企业与关键的研究人员建立联系，一些大学设立了创新中心和技术转移中心，帮助教授们将他们的发明商业化。所以，企业要找到这些创新中心和技术转移中心，并与之建立关系。

第六章

发挥企业内部的创意资源

Harness
the Brainpower of
Your Own Employees

思想的活力在于迎接挑战。
想法不会一直存在,
需要对它们采取行动。

——阿尔佛雷德·诺夫·怀海德(1861—1947)
英国逻辑学家、数学家和哲学家

在企业的创新过程中，构思创意阶段需要每位员工的积极参与，这样的需要比以往更加迫切。但是只这么说是不够的。本章主要探讨具体的、可操作的方案。这些方案可以更好地将企业的员工与创意联系起来，使他们在构思创意中发挥更大的价值和创造力。

建立创意建议系统——一个潜在的、有效的创意来源

企业的员工是新产品创意的极佳来源！企业可以不断地进行挖掘。如果企业的员工没有提出很多新产品、新服务，或者新业务的想法，我们会发现是出于以下的一些原因：

- 员工没有受到任何鼓励：他们的创意没有受到欢迎。
- 一种NIH的态度——"不是在这里发明的"：除了他们自身想法之外，管理层拒绝其他任何创意，员工很快就会明白，之后就不再提交创意。
- 没有进一步的行动：一些员工提出创意后，企业没有对其采取行动——这些创意好像进入了一个黑洞。
- 没有激励措施：提交创意的员工没有得到奖励或认可，反而经常因为那些稀奇古怪的或者"疯狂的"创意而被人嘲笑。
- 没有从创意中得到什么：管理层审查创意列表，但他们的思想却已经封闭——他们决定要做的项目，而这些新创意并不在列表上。

令人惊讶的是，很多公司不乐意接受来自自身员工的创意。只有

不到四分之一的企业拥有有效的、聚焦于新产品创意的征集系统，如图6.1所示。绩效最佳的企业的确采用了一个有效的创意征集系统，积极地征询自身员工的想法，以此获得新产品和新服务的创意。

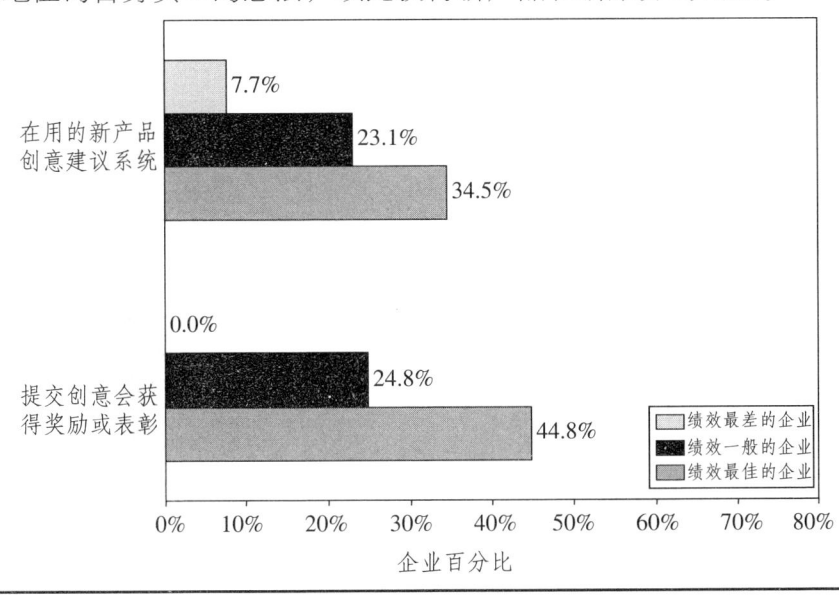

图6.1：绩效最佳的企业会建立正式的新产品创意建议系统，奖励或表彰创意提交者。

由此可见，企业需要推行新产品的创意建议计划，以便从自身员工那里寻求新产品创意。同时，企业可以将这个建议计划作为其整体创意管理系统的一部分，如第一章中的图1.14所示。

最佳实践案例：施华洛世奇(Swarovski)，一家奥地利的水晶和珠宝公司，建立了一流的创意搜集和处理系统，并将其作为企业的门径系统的前端（见图6.2）。企业可以从员工那里获取创意。员工们通过软件系统i-FLASH提交他们的想法。这些想法会进入i-LAB——一个由八个人组成的创意支持、处理和管理小组。这个小组会根据战略标准，初步评估创意，然后发展、丰富和完善创意直至其达到可以评估的程度。这些完善后的创意会通过i-FLASH系统发送给企业的重要人员，他们会对其全面评估、审评并提出建议。

i-LAB流程

搜集和研究工作

战略性的初步筛选

创意阶段和完善

第一道入口的呈现

评估

可视化和筛选

SWAROVSKI

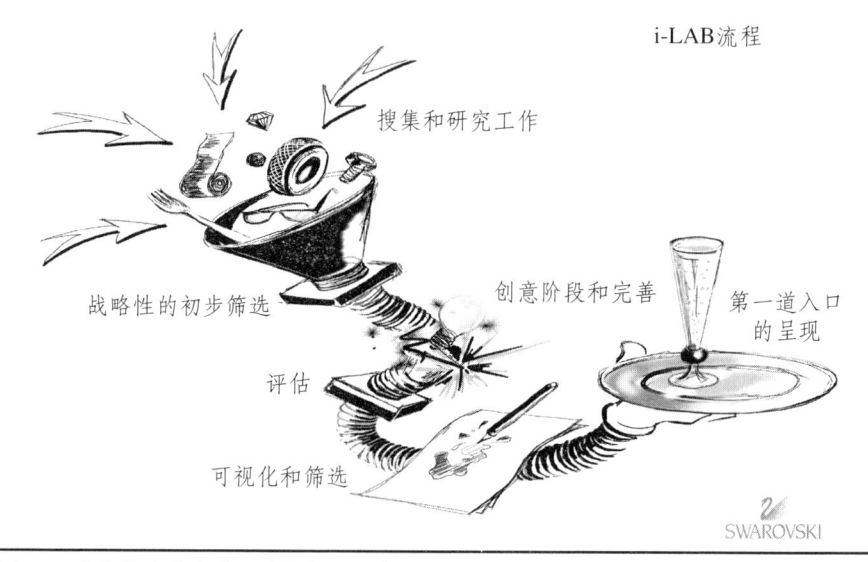

图6.2：在施华洛世奇采用的创意系统中，企业会向全球的员工征求创意。企业的i-LAB系统会对创意进一步完善，而i-FLASH系统会加速创意的处理和筛选工作。

i-LAB会利用这些反馈创建完整的"可视化创意"。这个创意含有图片或草图，以及一些描述。在企业的门径流程中，这个可视化创意会在入口1的位置向适当的业务部门呈现。请注意，如果该创意不适合现有的任意业务部门，但它仍然是一个有价值的创意，那么它会进入一个新业务小组的入口1处，该小组有可能为该企业建立一项全新的业务。

企业的电子建议箱可以是持续的体系，基于它企业可以审查创意和给予奖励。或者，它也可以是一场比赛的平台，而且这个比赛是有截止时间点的，企业会对胜出的创意给予奖励。企业甚至可以为比赛添加一些乐趣，为胜出的创意颁发不同类别的奖励，比如说"最疯狂的创意""最酷的创意""最新颖的创意"和"最可能赚钱的创意"。

许多公司在他们的新产品创意建议系统方面取得了巨大的成功。但是，很多公司的管理层也声称他们的创意建议体系不起作用，他们认为这些创意是无效的。因此，大约一年后，他们放弃了这个计划。

就像商业中的任何事物一样，成功或失败取决于企业是否有效地将它落实到位。企业要想让创意建议系统成功运作，就像俗话所说，"细节决定成败"。在此，我们会列出一些相关的建议、提示和细节，它们可以帮助企业有效地运用该方法。

专用的创意建议系统

企业要设立一个独立的内部创意建议系统，专门用于新产品和新服务的创意。不要将这个系统与公司现有建议计划合并，这些已经存在的建议方法通常会得到一些渐进式的创意（它们通常是可以节省成本的一些创意）。这些创意会由一个委员会进行审查，但是其中的成员很可能完全不了解新产品和新的经营理念。同时，他们用来选择新产品的标准也可能是错误的。所以，企业需要专门的、独立的、明显的内部创意建议系统，它只是用来服务新产品。但是，要确保将这个内部创意建议系统融入企业的总体创意管理系统中，如第一章的图1.14所示：内部的创意很重要，但它并不是创新的唯一来源。

为企业的创意系统设置一个家，然后管理它

创意生成是每个人的任务，但却不是任何人的责任！企业没有人专门负责创意的生成工作，因而，出现的问题常常是，当创意出现时，没有相关的人员采取行动。因此，好的创意就枯萎在藤上。

在I-Group中找到企业的创意建议系统。要知道，创意征集的计划需要管理，也需要企业付出努力维持它的运作。不要将它投入使用后，就任它随波逐流！第一章强调了企业需要管理创意，并且组建小组获取、筛选并进一步推进有效的创意，即I-Group。这个I-Group是一个操作团队，管理企业内部的创意建议系统。

I-Group的任务之一是为创意的数量设定目标。他们定期追踪这些创意：创意在通过第一道筛选后发生了什么，它们为公司创造了多少价值。通过这样的方式，企业可以了解创意建议系统运作的效果。

每年检查该系统，做出必要的调整和改进。几乎没有创意建议系统在投入使用时就是完美的，总是会有一些小瑕疵需要不断地调整。例如，大多数公司的电子提交表格在设计初时会过于详细和严格，后期需要对其做出一些简化来鼓励（而不是阻碍）创新。关于战略重点领域和"好创意"的组成部分，网页上并没有清楚的说明。并且，获胜的条件或提交的要求通常有很多限制或具有否定性。

案例：在某专业的计算机硬件公司，它们的创意提交系统有一个很多页的"规则手册"，看起来像是由法律部门准备的。这比阅读和填写一张所得税申报表更为吃力。这无疑大大打击了员工提交创意的积极性。

一些规则是必要的，例如知识产权归属的问题（员工的创意成为公司的财产），或者当创意以小组形式提交时，该如何选择获胜者，或者当两个非常相似的创意同时提交时，该如何裁定优胜者（企业不要做一毛不拔的铁公鸡，应该选择慷慨的方法）。这里的问题是，企业指定的规则、程序和系统可能需要随时做出调整，因此，企业每年应该审查和改进系统。

宣传推广创意系统

企业可以采用海报、公告板、电子邮件或网页的方式努力地宣传和推广创意系统，使得企业中的每个人都知道它的存在。在我们访问企业时，我们会问："你们企业有有效的新产品创意建议系统吗？"参加会议的一半人员都不确定。

案例：在丹麦，某家专业的泵制造商被认为是该国一流的企业。它利用每一次机会公开并强烈地推动创新。在该公司的年度报告中，他们用更多的篇幅讨论的是产品创新，而不是财务方面的规章制度。公司总部的整个前厅放置的是展示新产品的陈列柜，宣传产品创新活动的海报，公司的各个地方都贴上强调创新和提交新创意的海报。即使是那些载送参观者到机场的公司巴士，车身上也喷上醒目的、粗体的字母："看见>成为>创新"。你猜怎样？它们确实发挥了作用，极大地激励了员工，使他们坚定地致力于产品创新。

迅速反馈

缺乏及时的反馈，这是创意被扼杀的最重要的一个原因。在一些企业中，人们会立即对创意进行战略筛选，然后由I-Group完善这些创意，进行可视化操作，就像施华洛世奇公司所做的一样。接着，它们被提交到入口1，正式筛选。在其他的公司中，最初的创意会被直接送到入口1，经历一个快速的筛选。无论以哪种方式，企业必须快速有效地开始这类最初的筛选工作。同时，务必要向提交者及时反馈，包括决定是什么，这个创意处于什么阶段。

欢迎所有的创意

没有不好的创意。不要嘲笑别人的创意或使创意的提交者感到尴尬。有时候，一些疯狂的想法可能会带来一些卓越的创意。

案例：在某家制造园林农药和化学品的企业中，它的营销副总裁抱怨最近推出的创意建议系统没有带来丝毫的效果，"我觉得，我们在使用这个系统以前，得到的创意更多。"但是，在进一步了解该企业的电子提交表格后，我们发现，这些提交者首先必须将创意提交给老板，接受初步审查，然后再发送到电子建议箱。正是这个中间步骤，老板可能对提交的创意不满所带来的尴尬，使得大多数下属不再提交创意。而当企业取消了需要老板预审这一环节后，提交的创意量急剧增加！

提供指导

有些创意明显比别的创意好。所以，创意的搜集工作需要指导、方向和协助，以此提高提交创意的质量。企业可以建立内部网站，创意的提交者们可以登录网站并且了解企业正在寻求什么类型的创意、如何评估创意、使用什么标准和构成好创意的要素。企业详细地列出重点领域，包括特别需要创意的战略领域，同时提供一些示例。一般来说，企业只需在创意网站上列出几个好的创意的案例，解释说明它们为什么是好创意，并提供一些必需的指导和鼓励。

案例：健力士公司（爱尔兰）在20世纪90年代首次实施内部创意建议系统。当时，入口1的筛选委员会是由一些跨部门中层管理者组成的团队。他们聚集到一起，审查和讨论第一批创意。当时会议的气氛不是很积极。

创意#1：为什么我们不卖啤酒味的炸薯片（薯片）？

创意#2：我们应该推广与健力士黑啤一起食用的啤酒坚果。

创意#3：我们应该有一条健力士小吃食品的生产线。

接下来的创意就更糟糕了。"这些人不明白我们在做的业务吗？"仔细阅读了一打创意之后，一位恼怒的产品经理说。很显然，他们不明白。接着，健力士的管理层迅速修改了创意建议系统。当员工登录该系统时，他们会立即看到关键的重点领域，包括企业的战略定义、健力士正在瞄准的市场（例如，女性饮酒者）、各个关键市场的一些信息，以及企业需要的创新类型（例如，创新的包装理念）。

奖励和表彰

人们会采取行动去做那些他们受过激励的事。因此，企业可以考虑建立奖励或表彰创意的机制。大约四分之一的公司有奖励或表彰新产品创意的计划（见图6.1）。对绩效最佳的企业而言，绝大多数都对创意给予奖励和表彰，而绩效最差的企业则没有。在奖励和表彰两种方式中，表彰更受欢迎，因为它不会带来别的问题，也更加容易采用。

案例：美国卡夫食品公司的管理层重视表彰创意。例如，在餐饮部门，部门的总经理会奖励有创意的员工一个可挤压的灯泡，并且授予他们"本月创新者"和"年度创新者"的称谓。在卡夫公司，表彰通常不是金钱上的，而是来自同行的称赞或公司为拥有创意者所具有的自豪感，他们认为这些比金钱上的奖励更加有效。公司努力让所有人知道，新产品的创意很重要，也很受重视。

博士伦公司会采用一定量的奖金奖励新创意。员工可以获得的奖励从5美元到5000美元不等,这取决于他们的创意在产品创新过程中的进展程度。

对于那些提交突破性的新产品创意的员工,一些企业确实为他们提供大量的奖励。但是,在设计这一奖励机制时企业要十分谨慎,因为不好的规则可能会阻碍创意。

案例:圣戈班集团(Saint-Gobain)在法国及美国的子公司,瑟登帝集团(CertainTeed),推行了一个非常专业的创意计划。全球所有的员工都可以参与这个计划。每个人或小组都可以提交他们的创意,当创意通过五个阶段、五个入口的门径产品创新流程时,它们会得到一个特定的点数。如果该创意通过第一个入口,它会获得一个记号点数。通过入口2则会获得更多点数,以此类推,在通过接下去的各个入口,都会得到更多点数。如果这个创意非常优秀,最终的产品进入了市场,即它通过了入口5,那么该创意的提交者或提交团队会得到大量的点数。这些点数可以累计并用来兑换奖品,包括高昂的旅游费用和假期的奖励。当两三个人一起提交一个创意时,点数会按照人数加倍——合作不会带来任何处罚!

图6.3的列表显示了制订创意建议系统时需要留意的一些提示。

```
• 建立一个独立的、专门的、明显的创意系统
    ※只专注于新产品和新服务
• 将该创意系统定位于企业的I-Group并加以管理
    ※设定目标  ※每年审查并追踪创意  ※调整并改进该系统
• 通过宣传广泛地推广创意建议系统
• 迅速处理创意;及时反馈
• 欢迎所有的创意
    ※使创意的提交变得容易——设立电子建议箱
• 提供指导、方向和协助
    ※网页(内部网)  ※列出重点领域——企业的战略领域
    ※明确构成一个"好创意"的组成部分,以及创意的评估方式
• 提供奖励和表彰
```

图6.3:企业的创意建议系统的细节值得留意——这里是一些提示。

给予员工搜索时间和资源以提升企业的创新力

3M公司多年来一直具有良好的创新性,其中的一个原因是,3M公司花钱让员工创新,并且给予他们创新的时间。企业不能指望员工们在忙碌了一周之后,在星期五下午的4:30突然就打开创意的阀门。少数进步性的企业会选择一些员工,给予他们一些空闲时间("搜索时间")和对他们自身项目的一些财务帮助,鼓励他们创新,如图6.4所示。要留意的是,绩效最佳的企业乐于接受这样的做法,而绩效最差的企业则不允许员工有自由的时间来做创造性的工作。

3M的一些部门对其技术员工提出"一周一天"的倡议:鼓励研发人员致力于自己的"发明"项目。他们希望,这样的做法能带来有效的创意,例如,另一个像便利贴一样的产品。3M高管们表示,企业一些最好的项目来自这些星期五的项目。罗门哈斯公司(Rohm and Haas)、卡夫食品和戈尔·W·L公司(Gore-Tex防水布料的制造商)允许技术人员用约10%~15%的时间开展创意搜寻工作,专门从事个人的项目。许多绩效最佳的公司不仅给予员工时间,也在财政资源方面支持这些非正式项目(例如提供需要的设备或材料)(见图6.4)。当然,不是每位员工都会利用业余时间搜寻创意。但是通过这样的做法,企业希望少数富有创造力和热情的人能产生一些创新性的想法。

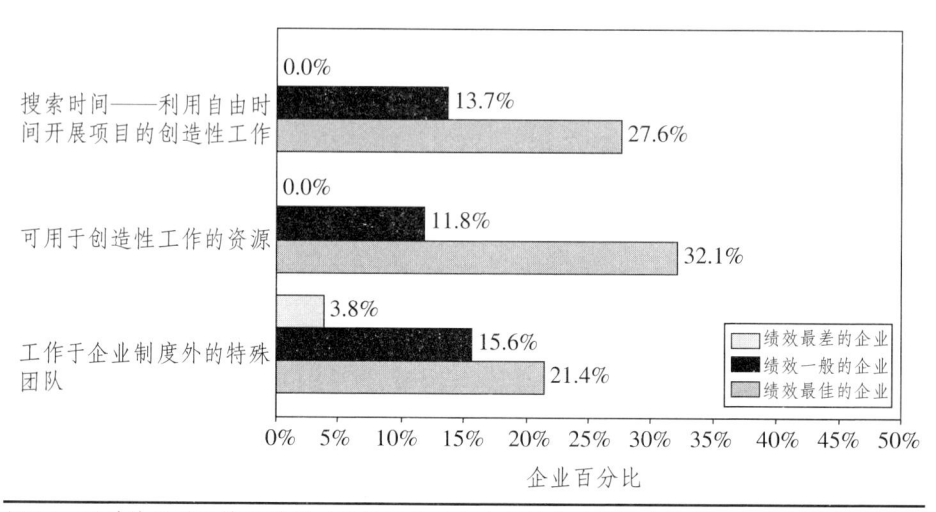

	绩效最差的企业	绩效一般的企业	绩效最佳的企业
搜索时间——利用自由时间开展项目的创造性工作	0.0%	13.7%	27.6%
可用于创造性工作的资源	0.0%	11.8%	32.1%
工作于企业制度外的特殊团队	3.8%	15.6%	21.4%

图6.4：通过给予员工搜寻时间（可用于员工自身项目的时间）和资源，企业可以推动内部的创造力。企业可以像绩效最佳的企业那样尝试特殊团队的方法。

因为运用了搜索时间，所以通常可以在要求正式批准和资助之前将项目推进到下一阶段。一些人可能会问："这样做没有风险吗？"有风险，也没有风险，这取决于该项目在开发管道上能前进多远。对那些已经实施了正式的产品创新流程的企业而言，他们很高兴看到这些搜寻工作推进到了入口2，甚至入口3（这意味着第1阶段和第2阶段已经在"系统外"完成，并且是在搜索时间内）。我们深有同感，理由是，那些高度创新的、初始的创意是十分脆弱的，也许其中的一些需要特别的方式来处理。但是其中的大多数不会遵循这条路径，也不应该这样做，否则企业真的会混乱！

尝试建立特殊团队

最后一点是，绩效最佳的企业推崇特殊团队的模式。这些项目小组是在企业的官僚机构和控制之外运作的。这个模式出现在第二次世界大战之后的航空业。那些自我管理团队的领导者可以直接向高级主管负责，例如总裁或总经理，而团队成员不需要按照传统的方式向部门的老板汇报工作，只需要听命于团队领导。实际上，除了团队领导直接汇报工作外，该团队属于"公司外部"。

这个模式基于二战时期的一个工程师团队，他们当时正致力于设计新的飞机。在20世纪40年代，他们的工作基本上独立于洛克希德·马丁公司。这样的组织安排带来了更多的自由和创造力，团队成员们不必接受传统的、有可能保守的部门老板的直接管辖。这也增强了成员们的奉献精神和凝聚力，利于形成良好的团队精神。虽然它不是产品创新中的主要组织模式，但依靠这些自我管理团队或特殊团队提升产品创新的方式受到绩效最佳的企业的青睐。与绩效最差的企业相比，绩效最佳的企业采用该种方法的比例为5∶1（见图6.4）。

采用团队创新模式

要得到新产品和服务的突破性创意，企业的团队可以使用的好方法之一是头脑风暴。但是，许多管理者不了解头脑风暴的工作原理以及如何有效开展头脑风暴会议，因此，他们对它带来的结果感到失望。头脑风暴不是一群人聚在一起，讨论企业明年需要怎样的产品。它也不是在喝咖啡时候的短暂的一次碰面。事实上，在头脑风暴会议上，有一些非常具体的该做和不该做的事项。因此，我们在这里介绍一些头脑风暴理论的基础，以及如何发挥它的功效。

当一群成年人聚集在一起并且尝试解决一个问题时，研究人员会观察到两种不同的思维过程（见图6.5）。

1. 提出建议：小组成员们会就如何去做提出建议。有人会建议"让我们尝试一下这个解决方法"。这些是创造性的、自由的、富有想象力的行为。这里的重点在于创意的数量——越多越好。这是一种发自肺腑的、孩子般的行为。其发散的过程显示如图6.5的左侧。

2. 评估创意：小组会对提出的创意评估："这个解决方案不会有效，因为……"这一行为是分析性的、评估性的、理性的、评判性的。这是典型的成年人的行为，是我们被教导去做的，拥有批判的或分析性的思维。图6.5的右侧显示了这一趋同的过程，它将创意列表缩短并获得更好的创意。

```
      步骤1         生成创意        评估        步骤2
                   可能性
                   事实
                   意见
                   行为
                   条件
                   创意
      数量          事件               质量上的
      有想象力的    标准               分析性的
      自由的        问题               限制性的
      发自肺腑的    解决方案           理智的
      孩子般的                         成人的
                  没有评判   需要评估
```

来源：M. Basadur

图6.5：管理思维的两种模式：发散或创造性的、孩子般的行为（左）和趋同的或更成人的、评估性行为（右侧）。创意的生成在图中的左侧。

这里的困境是，当一群成年人聚在一起解决问题时，你猜猜他们会将大部分时间花费在什么方面？花在了评估、分析和成人性的工作方面。这是成年人觉得最自在的工作。但是，这个会议的目的是集思广益和打破常规，并且获得新想法，而不是用整个会议批判创意。

这个问题的解决方案是：针对这两种行为组织两个不同的会议。在第一场会议中，大家要严格按照创造性的、运用想象力的模式提出创意，如图6.5的左侧。接着，在之后的会议中，重新组织小组成员并且采取趋同的模式，对创意进行批判、评估和分级，如图6.5的右侧。由此可见，要让创意生成的过程有效，这两种行为模式必须分开。

好的头脑风暴会议要遵循四个相当简单的规则：

没有批评：在头脑风暴或创意生成的会议上不允许批评或评价，只能发散。参与者要踊跃提出建议、生成创意，扩展或补充每个创意。同时，他们会将批评预留到下一阶段。通过保留判断这一行为，企业创造了一种互助的氛围，参与者可以自由发表独特的想法。这意味着不会出现"是的，但是……"或者"我们去年已经尝试过……"一类的评论。图6.6的列表列出了一些不应出现的短语，企业应向小组成员展示，让他们明白应该避免出现哪些内容。所有团队成员都应了解并同意制订的规则，然后开始头脑风暴。图6.7显示了在头脑风暴会议前，企业可以采取的最佳准备工作。

1. 这是一个好主意，但是……	14. 老板不会同意的
2. 这不符合公司的规定	15. 那些传统的人不会使用它的
3. 这在理论上是可以的	16. 这很难管理
4. 实际点吧	17. 我们已经这样操作一段时间了
5. 它的花费很高	18. 如果这是好建议的话，为什么以前没有人提出过呢？
6. 不要开始任何操作	
7. 这需要更多的研究	19. 你过分超前了
8. 它没有在预算中	20. 我们讨论一下
9. 这不属于你的工作	21. 我们组成一个委员会
10. 这还不够完善	22. 我们从没有那样做过
11. 我们可以先做调查	23. 有别人尝试这样做过吗？
12. 我们先把它搁置一下	24. 它不会有销量的
13. 那不是我们的问题	25. 有太多的技术难题

图6.6：这里有25个扼杀创意的表述，它们不应该出现在企业的头脑风暴会议中。将这些展示给参与者，提醒他们哪些话是不允许出现的。

头脑风暴：准备工作

- 邀请合适的参与者。
- 提供需预先阅读的资料，帮助他们积累关于该主题的背景知识，促进参与者的思考。
- 当会议开始时，明确问题并且列出需要达到的要求。将定义问题或事件作为一项创造性的挑战。
- 问题的陈述要简洁。去除问题本身的任何信息。例如："我们可以通过哪些方式来为这一客户问题提供解决方案？"
- 解释头脑风暴的规则。参照图6.5和图6.6解释头脑风暴如何操作。
- 制订规则，征求团队成员的同意。可以考虑制订一个大家认可的、强制性的小惩罚规则，惩罚那些打破"没有批评"这一规则的人，如小额的罚款。
- 正式会议前，挑选一个任意的头脑风暴的主题，进行几分钟的热身练习。如："厨房冰箱的新创意"。

图6.7：合理的"准备工作"是有效的头脑风暴会议的重要组成部分。企业可以参照此列表。

看重数量：这个规则有助于带来不同的观点。它是基于一个前提，数量可以带来质量。也就是说，生成的创意越多，得到突破性创意的机会就越大。所以，不要担心会议会延长时间，在人数多的情况下，会议的时间可能延长得更长。即使会议中间出现一段时间的沉默，也不要放弃，让成员们安静地思考，这没有问题。事实上，研究表明，在会议的后三分之一阶段，创意出现的数量的确会降低，但创意的质量则不会。好的创意仍然有可能出现。图6.8显示了进行头脑风暴会议的最佳流程，以及如何使该会议更有效的一些建议。

- 需要主持人主持会议，解释规则，明确主题，聚焦讨论的主题。
- 鼓励成员们积极参与：所有的创意都是好的。每个人都可以提出想法，即使是那些安静的参与者。
- 当创意被提出来时，主持人会将它们写在展示板上。当展示板写满时，可以将这些创意贴在墙上。
- 给每个创意标上数字，主持人可以用数字鼓励大家提出更多的创意："我们已经有65个创意了，让我们一起达到75个吧！"
- 遵循"没有批评和没有评估"的规则。
- 主持人可以要求参会者对创意进一步解释，但是不需要评论它们。口述已记录的创意，确定它是否表达了原本的含义。
- 头脑风暴会议结束后，进行休息。然后，重新开会对创意进行回顾和阐明。做快速的调查并选择最佳的创意，可以参考第八章的筛选方法。

图6.8：头脑风暴会议的主持人应该遵循明确的流程和具体的指南，如该表所述。

在头脑风暴会议中，如果出现创意不足的情况，主持人应该提出引导性问题，促进创意的爆发，例如："我们可以将这些创意结合起来吗？"或者"从另一个角度观察会怎样呢？"主持人可以在会议前准备一份引导性问题的列表。

独特的想法是受欢迎的：要想得到一长串可靠的创意列表，一定要欢迎那些不同寻常的想法。它们可能会开启新的思维方式，提供优于普遍想法的解决方案。要获得独特的创意，成员们可以从另一个角度看待问题，或者抛开传统的假设。如果某个想法过于"疯狂"，以至于没有办法操作，成员们可以进行额外的头脑风暴，将它完善成更合适的创意。一般来说，疯狂的想法会刺激更多的创造性思维，进而带来非常好的创意。

组合和改进创意：好的创意可以组合起来，形成非常好的创意，正如俗话所说："1+1=3"。此外，现有的创意需要改进。这种改进可以生成更好的、更完善的创意，同时，成员们也可以通过联想的方法获得更多的创意。

要获得创新性的新产品和服务的创意，头脑风暴是有效的，但是企业需要合理的规划，因此，企业可采用上述图6.5~图6.8中的指南。就像第四章讨论的客户反馈一样，企业也可以在与客户和员工的会议上使用头脑风暴的方法。

举办MRG创收活动，运用整个企业的创新能力

主要的收入来源(MRG)活动是举办在异地公司的一项活动，它的目的是在几天的努力工作后，企业可以得到或开拓至少十几个主要的收入来源。它不仅充满了乐趣，也很有效！

这个活动的前提是，企业的员工，包括资深员工，往往拥有很多绝佳的新产品创意。以一种系统的方式开发整个企业员工的创造能力，往往会给企业带来意想不到的收获。MRG创收活动是以精心组织的方式刺激创造力的方法。

在异地公司，每年会举办一次中高管理层的会议，这就是MRG创收活动的发生地。在两三天的会议日程中，有各种类型的演讲者演讲，一些演讲者来自公司内部，而另一些则来自外部。这个活动可以使参会者从中拓展人脉。

今年，企业可以使这项活动得到一些不同的成果。不要邀请那么多的演讲者，而是组织一系列的MRG活动。我们假设为期两天的会议安排如下：

第一天的早晨。开幕致辞后，参与者们被分配到不同的小组中。以下是第一个分组的任务：

"你有90分钟的时间来明确主要的趋势、重大转变、不断变化的客户需求和市场中潜在的技术突破。"这些趋势和需求会被记录在分会议室的白色展示板上。此外，务必要让各个团队回答金钱方面的问题："那么怎么办？这些重大的转变是否意味着一些重要的机遇？"请这些团队将顿悟的要点和机遇记录在绿色展示板上。分组会议结束后，各个团队会带来两组表格——白色展板上记录着趋势，绿色展板的表格中记录了顿悟的要点。之后，团队可以向主会场提交报告。

注意：会议开始前几周，会议主办方就要将确认参会者分成不同的团队。划分的标准可以是不同的产品线或市场，并且要将来自同一公司各个部门的人分散到不同的团队中。然后，给参会者布置家庭作业，请他们开始准备：

- 在活动前召开一次团队会议。
- 进行一次市场和技术趋势的评估。

● 开展客户反馈工作。

会议前，每个团队准备一些前期工作，促进活动现场会议的进行。

第一天的上午。针对早晨的同一团队，布置一个新任务。这一次，他们需要确定他们（和他们的客户）所处的行业中，有哪些主要的技术趋势和潜在的技术突破可能改变他们的经营方式。再一次，团队会提交白色展示板（他们确定的趋势和突破）和绿色展示板（根据这些趋势和技术突破，团队们所得到的顿悟要点和机遇）。

在第一天和第二天的中午以前，分组会议涉及如下主题：评估企业内部优势和核心竞争力，发掘企业可以利用的优势；行业和价值链结构的转变，包括出现的新参与者和竞争，以及原有参与者是否会被淘汰？但是，对所有分组团队的挑战是："那么怎么办——这些变化为你带来了怎样的机会？"团队要将白色和绿色展示板挂在会议室的墙壁上。在一天半的时间内，绿色展示板列出几十个，甚至几百个顿悟的要点和机遇。

第二天的中午。团队的挑战会从构想过程转变为机会的寻求和评估。也就是说，团队的任务是标出他们在分组会议时提到的一些机会。这通常意味着，团队将在活动中提出和听到的许多新的机会和建议，并整理成几个主要的机会或主题。第二天的下午，每个团队会展现他们的机会列表和简要描述。此列表将被张贴在展示板上，与会者进行投票。每位参与者可以根据四个或五个简单的标准给创意评分，结果记录在简单的记分卡上（见第八章）。接着，邀请与会者在每个团队得分最高的创意上贴上"绿点"。至此，获胜者就出现了！

如果时间允许,团队可以将最佳结果的创意（即得分最高的创意）进行一系列的团队汇报,每个团队会进一步完善这个创意,形成产品或解决方案,并开始制订前进的路径或下一步骤。

这是一个极佳的实践活动。诚然,计划和举办这样的活动会花费一定的金钱和时间,但这是值得的。这一活动通常会带来多达十个明确的或部分明确的创意,和一群热心的、愿意致力于这些创意的团队,以及行动计划的开端。图6.9是对此的总结。

```
举办一次MRG创收活动
• 有组织地发掘整个企业的创造力
   ——会议通常2天
• 在分组中,成员会经过几轮的挑战性问题
   1) 市场趋势评估      2) 行业评估
   3) 企业优势和劣势    4) 技术趋势评估
• 现在有哪些事发生?趋势是什么?
• 根据这些趋势,有哪些正在出现的机会和顿悟?
• 明确创意和主题
• 将创意整理成主要的机遇,然后呈现出来
• 对其进行投票——选出最好的选项
• 开始完善这些最佳的创意并制订下一步骤
```

图6.9：举办一次MRG或"主要收入来源"的活动的步骤,其中包括了举办一系列的分组团队会议,以及寻找挑战性问题。

案例：位于俄亥俄州阿克伦的欧诺法化学品公司(OMNOVA Solutions)在它的基础研究过程中偶然发现了一项新技术。这项新技术可以使传统的聚合物具有非常光滑的表面。但是,与其他光滑材料不同,它得到的聚合物仍然保持了传统的、好的物理性质（例如耐磨性和韧性）。

如果没有公司的MRG创收活动,OMNOVA的"光滑聚合物"将会作为一项技术问题无人知晓。在一个分组团队中,一个科学家提到了这项模糊的、政府资助的研究计划,以及它带来的这个有趣的光滑聚合物。没有人知

道该对它做些什么……直到MRG创收活动的举办。当分组团队听说了该项技术，各种"光滑的可能性"开始涌现。当为期两天的MRG活动结束后，他们确定了最好的选择，并组建了一个风险投资团队。随着时间的推移，由此得出的项目通过了公司的门径流程。

它的成果是：第一个推出的产品是改进了的乙烯基墙面——这是一个成本相对较低、可以干擦的白板。想象一下，在会议室有一面每个人都可以写字的墙壁；或在孩子的房间里，有一面可干擦的书写墙！当然，企业的开发管道中还有更多这样的创新性产品。

聆听员工的心声，他们会为企业带来下个突破点

"先知在本乡向来是不受欢迎的。"这是《圣经》中的名言，它也准确地概括了企业为什么没有聆听员工心声。企业有几十名、几百名，甚至数千名员工。是的，不是所有的员工都具有创造性，但如果能给予他们机会和鼓励，很多员工还是拥有很多创意的。因此，企业要运用员工的集体智力和创造力，建立I-Group或创意的获取和处理系统，积极征求员工们的创意，如图1.13所示。建立一个专业的新产品创意建议系统，基于网页提供指导、奖励和表彰，使用本章概述的工具，如头脑风暴和MRG创收活动，企业可以从自身内部激活处于沉睡中的创造力。

第七章

基础研究的突破——改变竞争的基础

Fundamental Research Breakthroughs— Changing the Basis of Competition

科学是分门别类的知识,智慧是井井有条的生活。

——伊曼纽尔·康德(1724—1804)

德国哲学家

在商业历史上，世界各地的实验室和技术人员带来了一些最有利可图的新产品。化学实验室得到了新的合成材料和聚合物，如尼龙、莱卡和特氟隆，它们都改变了世界并且巧合地推动了杜邦的成长壮大；从事基础研究的药物实验室创造了新的抗溃疡产品，例如泰胃美(Tagamet)，一家中型的英国药品公司由此成长为巨型的葛兰素史克公司(GlaxoSmithKline)；贝尔实验室的基础研究开发出了激光，这可能带来多代新产品——从切割工具到医疗设备、条形码，甚至CD播放器。现今，在生物技术的基础研究领域，DNA、人类基因组和纳米技术正在创造新一代的企业，它们可能是下一轮的龙头企业。

如果企业将资源投入到基础研究上，那么在企业的创新过程中，这个研究部门可以而且必须在其构思阶段发挥积极的作用。要得到下一个突破性的新产品或产品系列，它是为其提供基础的关键。但是，企业是否能从其基础研究工作中获得了应有的价值呢？

基础研究陷于困境

现今，所有企业的研究实验室的情况都不太理想。令人遗憾的是，过去十多年中，许多企业的中心研究实验室被拆除。在许多企业中，基础研究已经不再流行，因为企业的科学家们都已经融入了业务部门中。所导致的结果是可以预测的：企业研究变得更加关注短期成效。现在，行业的领导者们抱怨，企业的生产管道没法得到任何好产品。莫非是我们杀了那只产金蛋的鹅吗？

企业面临的挑战是许多基础研究缺少方向和焦点，因此，没有成效。这就是为什么这么多的首席执行官们停止或缩减基础研究投入的原因。如果基础研究没有带来应有的突破性项目，那么企业需要考虑是否干涉或者提供指导。一些科学家对此可能大为不满，但要提醒他们的是这里不是大学（主要进行基于好奇心的研究），这里是企业。其他科学家将很乐意接受这样的机会，更多地参与到企业的生产价值的研究中。

> **明确技术开发**
> 术语"技术开发"是一种特殊类别的开发项目，其中可交付的成果是新知识、新技术、某种技术能力或某个技术平台。技术开发项目包括基础研究项目、科学项目、基础研究，并且经常是技术平台项目。这样的研究项目通常会带来多个商业项目，即新产品或新流程的开发项目。

本章讨论如何为企业的基础研究和技术开发提供更多的方向和重点，介绍应用于技术开发项目的门径系统流程的概念。例如，埃克森美孚化工已经修改了它杰出的产品创新流程，将行业的基础研究项目纳入其中。（为方便起见，本书中的"技术开发"一词涵盖所有的基础研究、基本研究和知识构建项目——参见插入的文本框）。具体来说，本章概述了一些行之有效的方法，用于管理并选择此类科学和技术开发项目。这些方法承认传统的产品开发过程（如门径系统）不适合用于此类项目。

技术开发项目有什么独特之处

技术开发(TD)项目是一种类型截然不同的开发项目。首先，它们是越来越罕见的项目：第一章曾提到在过去的15年中，一般企业的研发项目组合已经大大地转向了较小的、短期的项目，例如产品更新、修改和调整。除了少数一些绩效最佳的企业外，大部分企业的项目组合都不再包括那些具有科学性的或有技术突破性的发展项目。

这导致了企业缺乏突破性的、创新性的技术项目。其中部分原因是管理层只关注短期的、即时的财务结果，这使得他们往往会排除那些具有一定风险性的发展项目。此外，因为企业不愿意承担更多突破创新类的项目，所以愈发无法有效地处理它们。由此，这些项目管理不善，结果往往是糟糕的，这造成了企业的畏惧感，不愿意再次进行这样的项目。管理层开始规避风险。

技术开发项目截然不同的第二个因素是，它们通常是一条新产品线或一项全新业务的基础或平台。简而言之，技术开发项目对于企业的盈利能力很重要，因为它们有助于将企业提供的产品去商品化。它们是突破、颠覆性的技术和根本性的创新，可以为企业带来巨大的增长机会和创造最高的利润。

案例：埃克森美孚化工的茂金属项目就是一个经典的案例。对它来说，一项新的聚合催化剂的基础研究带来了一些"有趣的研究结果",即具有不寻常的技术性能的聚烯烃材料。一项始于20世纪80年代的早期研究项目最终生产了一种全新的具有工程性能的聚合物,带给埃克森美孚化工一项高达十亿美元的业务。

不要使用传统方法来管理非传统项目

技术开发项目之所以特别的最后一个原因是它们很脆弱。如果企业使用传统的管理方法管理非传统项目,会对其造成很大的损失。例如,如果企业将一个技术开发项目强行融入一般的新产品系统中,这会为项目团队带来很大的困扰,也会引起一些不必要或不相关的工作,甚至可能会扼杀一个潜在利润很高的计划。

案例:埃克森美孚化工公司是美国第一批承认这些研究项目或技术开发需要特殊对待的公司之一。它们认为,将这些项目强行带入其传统的管理流程会给它们造成很大的伤害。因此,到了20世纪90年代,埃克森美孚化工设计并实施了一种基于门径管理技术的特殊方法,用来处理这些高风险的技术项目。

定义太不明确:事实上,传统的系统不适用于这些特殊的技术开发项目。为什么呢?传统的新产品流程是为了那些定义明确可预测的项目而设计的。但是,技术开发项目的本质即是高风险项目,包含了许多未知数和技术上巨大的不确定性。比如说,在这些项目的早期,技术成功的可能性相当低,并且通常无法预期可行的技术解决方案。企业可能需要几个月或几年的实验工作才能了解一项技术解决方案是否可行,它是否能够带来积极的技术成果。

传统的新产品流程还需要完整的商业个案和财务分析，然后才能对其做出重大的决策。但对技术开发项目而言，新技术的商业前景往往不那么明晰，特别是在项目初期对其做出投资决策时。

案例：对于埃克森美孚的茂金属项目，当试验工作首先开始时，人们不确定这是否会产生一种新的塑料，或者一种新的燃料添加剂……所有早期的研究人员得到的结论只是"一些有黏性的东西，但包含一些有趣的属性"。一直到研究人员消耗了相当多的费用并做了更多的工作之后，这个项目才有了明确的方向。

这对于看重短期财务汇报的高管来说，这样的保证还远远不够！

操作不适合：大多数企业的新产品流程需要一些操作，但其中的很多操作根本不适合技术开发项目。回顾任一公司的新产品流程，它们总会有一个操作列表，其中企业需要做的可能包括"进行一项竞争性分析""做客户反馈工作"以及"向用户明确产品所带来的益处"。当人们清楚地了解市场和产品时，这是很好的。但是，在还没有明确的市场和产品时，企业该如何进行这种必要的活动呢？此外，大多数公司的产品创新流程需要在每个阶段完成时有一个可提交的成果列表，例如"商业案例"或"商业化计划"。但是当产品和市场都未明确时，这些只是相对没有意义的概念。正如一位项目负责人说："当我连明确的产品都没有，更不用说市场，我怎么可能进行市场分析。我甚至不知道这项技术怎样改进性能。"

错误的过关／淘汰标准：大多数企业在门径开发流程中用过关／淘汰标准对开发项目进行评级并划分优先级。同样的，他们假定技术开发项目是一个相当明确的、接近企业原有领域的项目。例如，一项行业研究所的研究显示，78%的企业在选择项目时严重依赖于财务标准，如预计年利润、净现值(NPV)和预期销售额。根据这项研究，企业所采用的最受欢迎的定性标准是利用其核心竞争力（例如，这个项目是否与工厂匹配，是否与企业的基础技术相匹配）、预期回报和预期的风险水平。这些定量和定性的标准适用于大多数的开发项目，但不适用于技术开发项目。一位经验丰富的研发经理这样总结："在我们公司中，运用传统的过关／淘汰标准，例如净现值、投资回报率(ROI)等，几乎肯定会淘汰掉这些新技术项目，只是因为它们包含的未知性、不确定性和风险。因此，我们使用十分规避风险的选择方法所选择的项目就是那些短期的项目。"

为技术开发项目设计专用的开发流程

多年来，领先的产品开发商们一直都依赖创意发布流程将新产品项目推向市场，如门径创新流程。在一次聚焦技术开发和前沿技术的PDMA会议上，他们最终得出的结论是"通过正式地实施门径系统，许多企业大大地缩短开发周期，并且提高了效率"，但是什么是前沿技术仍然是一个谜。他们得到的共识是，一些严格的门径流程可以用于技术开发项目，但该流程需要为这些类型的项目做出适当的调整。

图7.1是一个值得推荐的典型的技术开发流程，它也被许多企业

所采纳。图7.1中的技术开发流程包括了三个阶段和四个入口：

● 阶段：图7.1中的框表示阶段。每个阶段都包括了一系列项目团队要完成的最佳实践操作。这些操作的目的是获取关键信息，从而减少不确定性和项目从一个阶段进入下一个阶段的风险。每个阶段都会得到一系列特定的可提交的成果。

● 入口：图7.1中的菱形表示入口，也是过关／淘汰的决策点。在入口处，管理层会与项目团队会面，决定项目在进入下一阶段时是否需要额外的资金和资源。如果项目过关，那么项目在该入口处会得到资源。接着，项目和团队会共同前进。

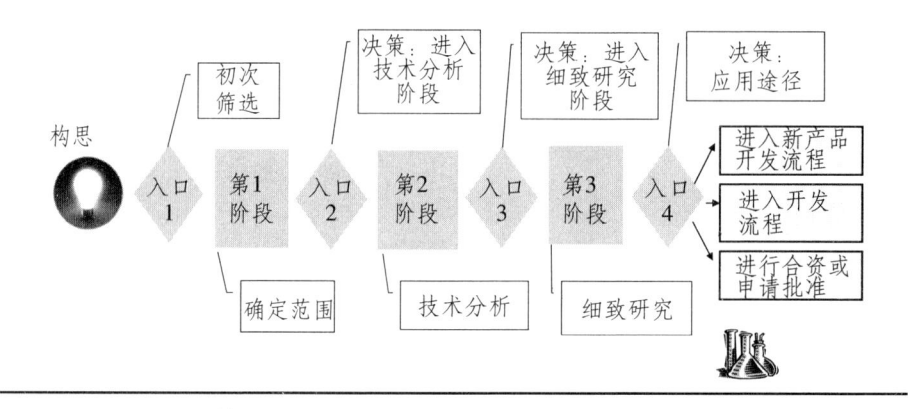

图7.1：技术开发的门径系统是专门为技术开发项目设计的。
它分为三个阶段和四个入口，包括应用程序路径入口。

这是典型的技术开发流程的分步解释（见图7.1和图7.2）。这样的技术开发流程可以从市场上购得，例如**SG Navigator-**技术开发版本，只需要点击一下，就可以立即使用。

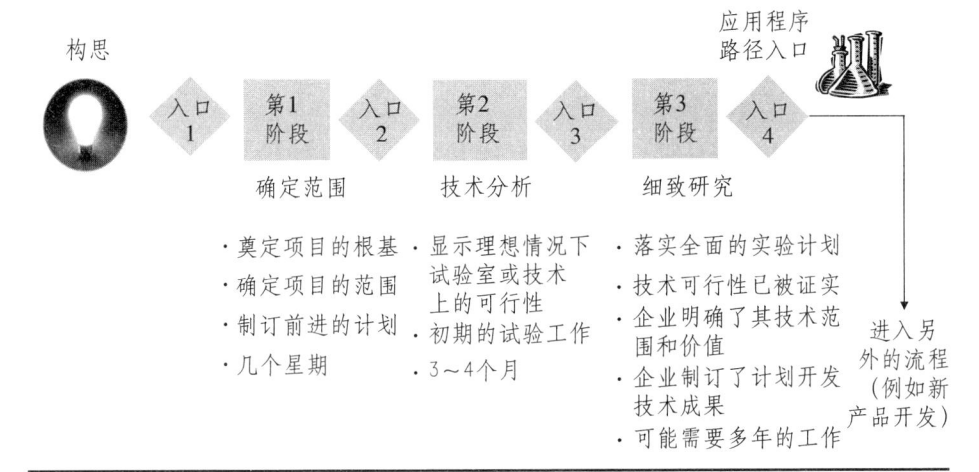

图7.2：技术开发项目从确定范围阶段（相对简单的阶段）到详细调查阶段（可能需要反复的试验和试验室工作人员多年的努力）。

构思

该流程的起点是构思或生成创意。优秀的创意对一个成功的技术项目是至关重要的，因此企业需要从多个来源寻求技术创意，并且在第一入口对其审核。创意的生成通常是由科学家或技术人员完成的，但也可以由其他活动生成，例如：

● 战略规划操作，其中企业确定战略领域，制订可行的技术开发的研究方向。

● 技术预测和技术路线图。

● 头脑风暴或集体创新会议，重点是会有怎样的技术出现。

● 情景生成法的运用，预测未来市场和技术的可能性。

● 客户探访计划和客户反馈工作。

- 企业内部进行积极的创意征求活动。

入口 1——初步筛选

第一入口是创意的初步筛选,企业会初步决定将一定的时间和金钱投入到某个研究项目中。这道入口是一次温和的筛选,它只会提问一个问题:企业是否值得在这个创意上投入精力?大部分过关的标准都是定性的,守门员在入口处对各个项目进行考察评分。考察的标准需要包括以下选项:
- 战略上的适应度和影响。
- 战略杠杆。
- 技术上成功的可能性。
- 商业上成功的可能性。
- 如果成功,企业得到的奖励或"奖品的大小"。

入口1的守门员或决策小组通常由一些高级研发人员组成,也包括一些来自企业中营销部门和业务开发部门的代表,这样可以确保商业上的投入。

阶段 1——确定项目范围

这个确定范围阶段的目的是为研究项目奠定基础,明确项目的范围，制订前进的计划。这个阶段的工作是有时限的，通常不会超过两个星期。第1阶段是概念性的准备工作（见图7.2），包括检索技术文献，搜索专利和知识产权，评估有竞争性的替代品，识别资源缺口和评估初步的技术。

入口2——进入技术评估阶段

第2次筛选是决定项目是否可以进入第2阶段，是否开始有限的试验或技术工作。和入口1一样，这个入口也是一次相对温和的筛选，它会提问这个问题：此创意是否值得一定的试验工作？同样的，入口2主要也是定性的，并且不需要财务分析（因为技术开发所带来的产品、流程或影响在很大程度上仍然是未知的）。入口2的守门员也是由高级研发人员、营销或业务开发部门的代表担任。

阶段2——技术评估

阶段2的目的是表明在理想情况下，该创意在技术上或试验上是否具有可操作性。这个阶段需要初步的试验工作，工作可由1~2人承担，总共工作时长不应超过3~4个月。阶段2的工作通常包括进行一次彻底的、概念性的技术分析，进行可行性试验，建立合作关系的网络，确定资源需求和解决资源缺口问题的方法，评估该技术对企业的潜在影响。

入口3——进入细致的技术调查阶段

入口3是决定企业是否要部署资源,这不是1~2个人花费一个月的时间就可完成的工作,而是进行一个更全面的、花费更高的调查。因此,在这个入口,企业要做的是比入口2更严格的评估,而且这个评估会基于阶段2所得到的新信息。入口3的标准类似于入口1的标准,但是会有更多、更严格的拓展问题,也需要企业整合更多的数据来进行回答。入口3的守门员通常包括企业的技术主管(研发副总裁或首席技术官)、高级技术或研发人员、企业的营销或业务发展人员和相关的业务负责人(例如总经理)。请注意:由于入口3是需要做出严肃承诺的入口,业务部门的高级管理层必须参与其中。入口3的守门员很有可能会接管所带来的技术。他们对于项目的商业可行性具有良好的洞察力,这对于入口3的决策至关重要。此外,一旦项目进入了商业化阶段,早期的参与可以确保项目向业务部门过渡时会更加顺利。

阶段3——详细调查

第3阶段的目的是落实完整的试验计划,证明技术的可行性,确定技术的范围和它对企业的价值。这一阶段可能需要大量的支出,以及很多人员的多年的工作。除了技术工作外,其他工作侧重于明确商业产品或流程的可能性，包括预期带来的商业项目，对其进行市场、制造和影响力分析，准备可实施的业务个案。在这个漫长的阶段，企业可以采用可靠的项目管理方法，定期对各个重要阶段进行检查和项目回顾。如果技术开发项目明显地偏离了轨道，或在第3阶段遇到了严重的障碍，那么，该项目会被重新标记并返回入口3，再一次经历过关／淘汰的抉择。

入口 4——应用程序路径

这是技术开发流程的最后一道入口，是一个或多个新产品或流程开发项目的"开门器"（见图7.3）。在这个入口处，企业会检查技术工作的结果，确定该技术的适用性、范围和价值，并决定接下来的步骤。请注意，在一般的产品开发过程中，入口4通常与早期的入口结合起来（例如，和入口1、2或3合并，如图7.3所示）。这里的守门员通常是高级的企业研发人员、企业的营销或业务开发人员，以及来自相关业务的领导团队（这些领导团队将接管带来的商业开发项目的所有权）。

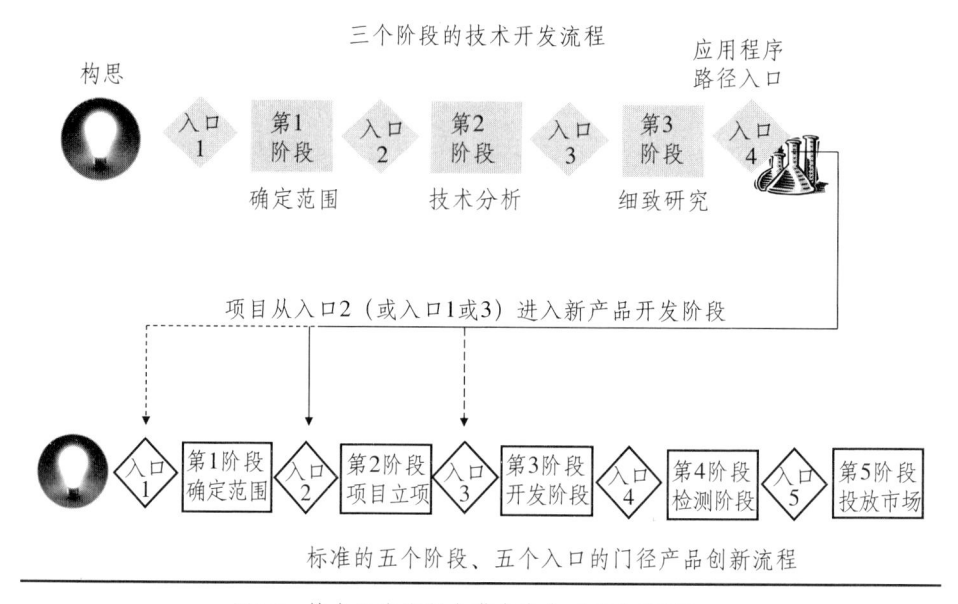

图7.3：技术开发流程会带来多个"商业项目"，
它们为门径产品创新系统的入口1、2或3提供了支持。

技术开发流程如何满足传统的产品开发流程

技术开发流程的最后一道入口是应用程序路径入口。它标志着技术开发项目的结束，但也可能是多个商业项目的起点。正是在这个入口，项目团队会根据迄今为止的技术工作和几次赢利范围的预测，做出该技术商业前景的结论。在这个时候，企业可以启动多个新产品项目，进入典型的产品创新过程，如图7.3所示。这里的起点通常是门径创新系统中的入口1、2或3，这取决于提出的新项目是否有明确的定义。如果获得的商业成果是新的或改进的生产流程，那么企业需要明确适当的流程开发项目，做出相应调整。技术开发项目还可能带来申请专利的机会，甚至产生与另一家公司建立合资企业的机会。这里的关键点是，从这一刻开始，应用程序路径决定了技术商业化的方向。

决定投资哪些技术开发项目

对很多企业来说，要为技术开发和基础研究项目做出资源投入的决策，特别是在早期阶段，是有一定难度的。第八章主要讨论如何评估项目、选择项目和优先级排序项目。然而，因为技术开发项目比较特殊，它们需要运用独特的方法来管理和选择，本章所介绍的一些特殊的项目选择方法，仅适用于技术开发项目。

传统的筛选和评估工具没有成效

显然，传统工具（如财务分析和利润标准）对于这些独特的技术开发、科学或基础研究项目来说并不太适用。如果技术开发项目存在很大的不确定性，它的预期销售额、成本、投资和利润的数据估计可能会存在严重的错误。典型的技术开发项目存在许多不确定性，但有一点是可以确定的，就是企业得到的数字总是错的。事实上，有相当多的证据表明，如果企业选择项目时严格依赖于金融工具和标准，那么最终得到的开发项目组合只有最低的价值。一位执行官留意到企业进行项目选择时会运用复杂的财务分析方法，这导致了一定的缺陷，他说："这就像试图用一把千分尺来测量一根软香蕉。我们的评估工具所假定的精度远远超出了可用的数据。"

这不足为奇，因为企业所使用的财务评估工具倾向于那些可预测的、靠近企业原有领域的项目，但这却是以牺牲技术开发项目为代价的。

使用不同组合的方法

绩效最佳的企业将不同的评估方法和标准结合起来，帮助其做出技术开发项目的过关／淘汰决策。研究表明，没有一种方法能适应所有的情况或在所有情况下都做到最好！首先，我们可以考虑记分卡的方法，它会查看技术开发项目的多个方面，从战略问题到技术问题。请留意，TD记分卡的方法与用于新产品项目的记分卡方法不同。图7.4显示了最佳的实践模型，它可以用于技术开发项目入口3处。记分卡方法是被用户高度评价的可靠的决策方法，它常常带来优秀的决策，即更高效的过关／淘汰决策、价值高的项目和战略上一致的项目组合。

在记分卡方法中，项目小组会在每次的门径会议上提出有关项目，并进行彻底的、推进式的讨论。接下来，守门员会根据0~10的标准对项目进行评分，所用的标准如图7.4所示。最后，项目得到分数和总和就是总体的项目吸引力指数。这个评分方法和最后的得分对于之后的过关／淘汰决策非常重要（尽管该方法的许多使用者声称这是一个过程——一个高级决策团队会列出一系列的关键问题，讨论它们的分数，得出结论。他们认为，这些结论才是真正的价值所在，而不是最终的分数本身）。尽管图7.4中记分卡的范例是针对入口3的，但大多数的企业在各个入口处都使用相同的高标准，这样可以保持它们的一致性。其中，详细的或拓展的问题在各个入口处变得越来越严格。

除了入口的记分卡方法，企业也可以考虑宝洁的成功标准方法。在这个方法中，项目团队会宣布他们希望实现的目标，即怎样的项目是"成功"的。技术开发项目的成功标准可包括：在给定日期内得到的某项技术结果（例如，阳性的试验测试结果）；取得技术性能上的某些改进（例如，在新纤维技术上达到了某种程度的吸收度）；或者由新技术带来的预期销售额（例如，如果该项技术成功的话，它可能开发的潜在市场规模）。在项目进展的初期，企业会声明其成功标准，因此，守门员会根据这些标准在前期入口处筛选项目。这些标准会相继在各个入口处进行审查并更新。如果某个项目在下一个入口处未达到这些标准，则可能被淘汰（例如，如果某项技术结果未能在给定的日期或进入入口处前完成）。成功标准可以让项目团队制订适合其项目的标准，它要求团队提出现实的而不是过于宏大的期望，同时，它也为项目团队建立了问责制，可用来衡量团队的工作。

1.企业战略的一致性	分数＝0	分数＝10分（最高10分）
一致性	只与企业战略的外围一致	与企业战略的各个关键要素高度契合
影响力	最小的影响力；如果放弃项目不会造成任何损失	企业的未来取决于该项目
2.战略杠杆		
适当的位置	可以轻松复制；没有保护	有专利、商业机密、原材料途径来确保其地位
增长的平台	死胡同；每种只有一个；一次性	带来许多新产品的可能性
持久性（技术上和营销上）	没有明显的优势，很快被其他企业超越	产品周期长，有机会带来附加的衍生产品
与企业的业务单元相配合	只限于单个的业务单元	可以在整个公司中广泛运用
3.技术上成功的可能性		
技术缺口	解决方案与当前操作存在巨大差距；需要发现新方法	渐进性的改进；操作方法简单，已经有现成的方法
项目的复杂性	难以预测解决方案；存在很多障碍	已经找到一个解决方案，可直接操作
技术水平的基础	技术对于企业来说是新的；内部几乎没有任何技术	企业内部已经广泛应用了该技术
可运用的人员和设施	需要雇佣并且建立	人员和设施马上就可以使用
4.商业上成功的可能性（对于技术开发项目，它会带来新产品的可能性）		
市场需求	需要全面的市场开发；目前没有明显存在的市场	产品可以马上回应消费者的需求；存在广阔的市场
市场成熟度	市场正在退化	快速增长的市场
竞争激烈程度	竞争性强；该领域中有很多强大的竞争对手	竞争性弱；竞争对手少
商业上的用途	对企业来说是新的；目前没有用途	有商业上的用途
开发能力	几乎没有商业应用的技巧；必须要开发	企业已经配备相关人员
商业上的假设	发生的概率低；非常投机的假设	高度可预测的假设；发生的可能性非常高
对于法规和政策的影响	负面的	对于高度关注的问题有积极的影响
5.奖励		
对于盈利的贡献	粗略估计：五年以内累计低于1000万美元	粗略估计：超过2.5亿美元
回收期	粗略估计：大于10年	粗略估计：小于3年
商业上启动的时间	大于7年	少于1年

图7.4：记分卡的方法（0~10的级别）可评分技术开发项目及确定优先顺序。

确保充足的资源

企业该如何确保有充足的资源来开展技术开发项目？特别是企业的重点都变成短期项目的时候。许多企业的管理层已经意识到，大部分的资源已从投资型项目转移到了小型、影响力小的工作上。为了改善这种不平衡的状况，他们采用战略桶的方法，确保其项目组合（短期和长期的技术开发项目）是合理的。

战略桶是项目组合的管理方法，它帮助管理层确定不同的项目类型、市场、地理位置或产品领域所需的开发成本。战略桶基于一个理念，即当企业开始花钱，也就是企业为特定的活动分配资源时，战略就变成了事实。在图7.5的示例中，管理层从企业战略开始，对资源分配做出战略性的选择：投入多少资源到新产品、改进项目或者技术开发？当企业战略推动资源分配时，每个篮子内的项目会进行排名以确定优先级。

| 技术开发项目篮子 |

项目	排序	入口的分数
Jean	1	88
Monty	2	85
L-Flow	3	80
Q-Ride	4	77
Regatta	5	75
Slow-Brew	6	70
Widget-4	7	69

每个篮子中的项目会进行排序，直至资源用完

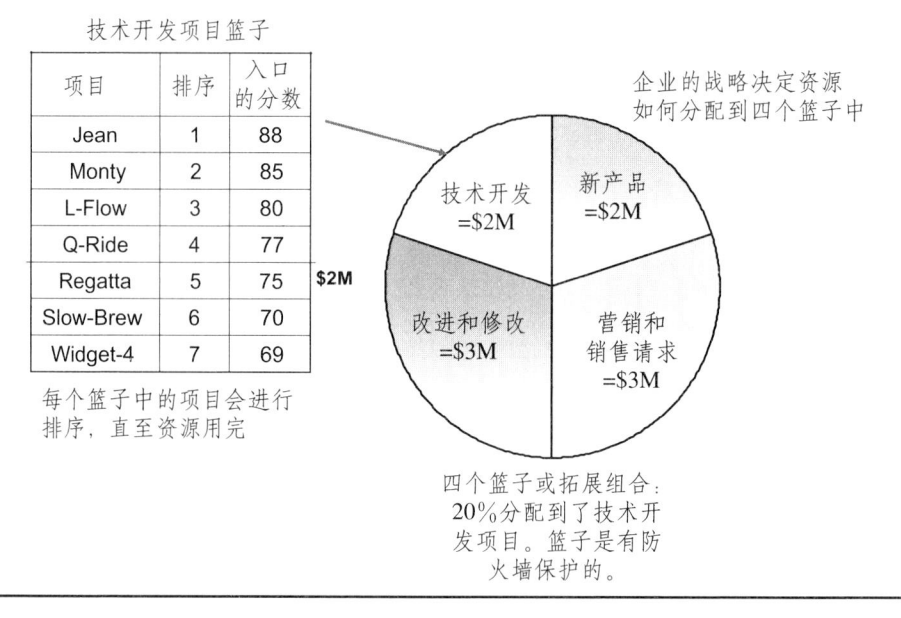

$2M

企业的战略决定资源如何分配到四个篮子中

技术开发 =$2M
新产品 =$2M
改进和修改 =$3M
营销和销售请求 =$3M

四个篮子或拓展组合：20%分配到了技术开发项目。篮子是有防火墙保护的。

图7.5：高级管理层将资源按项目类型分配到战略桶中。通过这种方式，企业战略性地决定了技术开发项目的资源，然后对其加以"保护"。

一个篮子内的项目（例如技术开发）不会与另一个篮子内的项目（例如营销和销售的请求）竞争。如果它们发生冲突，短期内大部分企业会选择简单的、花费少的项目。相反的，战略桶会在不同的篮子之间构建防火墙。因此，企业将特定数量的资源用于技术开发项目，其项目组合会变得更加平衡。另外还要注意的一点是，对不同篮子中的项目而言，企业应该使用不同的标准进行评估和选择。例如，对于技术开发篮子中的项目，相对定性的标准可以更好地为其进行排序，但是对于修改、改进或销售请求类的项目，明确的财务标准（利润、节省的金额或预期增加的销售额）是对这些项目排序的最佳方法。

将技术转移到业务部门

技术开发或基础科学项目所面临的挑战是技术的交接,即为企业内的技术寻找商业上的用途。事实上,初始的技术开发项目通常由一个团队(例如企业的技术中心)来完成,而所得到的商业项目是由另一个团队(例如一个或多个业务部门)来执行。将一个技术开发项目空降到一个业务部门往往是扼杀一个好项目的主要原因。一位经验丰富的研发经理曾坦言:"这些过程不是顺利的传球,它更像是把球扔过墙,或者常常丢弃了球。"

这里的问题是,技术开发项目一旦转交给业务部门,常常就成为一名孤儿:项目没有负责的人,业务部门对其没有热情;技术开发项目常常与业务部门当前的主要业务起冲突;业务部门没有处理这些新项目的流程或机制;在业务部门内没有员工继续该项商业项目的工作。

有些企业成功地落实了技术开发的流程,并将其与现有的业务联系起来,我们根据它们的经验列出了以下的一些建议。

某些定义

为方便起见,我们在这部分会使用以下一些术语:

企业技术中心:这是负责基础研究、基于科学或技术开发项目的技术团队。通常这是企业内的中心团队。

商业项目:这些是技术开发项目带来的、在业务部门内进行的商业项目。它们可以包括新产品项目(在图7.3的底部)、新的流程或制造项目。

业务部门:技术开发项目(图7.3的下半部分)会带来一些衍生产物或商业化项目,业务部门就是对其进行商业化并推行的商业团队。

193

制订明确的技术交接流程：企业的技术开发流程（通常位于企业的技术中心内）必须在逻辑上符合企业的新产品流程。图7.3呈现了典型的路径。企业要确保标注出这样的交接机制——它的流程和各人负责的工作。企业要让业务部门参与到这个转移机制的制订中，并征求他们的意见。

如果企业的业务部门没有正式的、明确定义的产品创新流程，那么制订交接流程（明确转移点）则变得更加困难。我们强烈建议，业务部门需要首先检查自己的创意发布方法，效法一流的公司，推行落实一个明确的门径流程（图7.3的下半部分是新产品的传统门径系统；有关更详细的视图，请参见图1.1）。

在技术开发项目的入口设置业务部门的守门员：要确保之后技术开发项目的顺利交接，关键是高级管理层要尽早获得业务部门的认同。我们经常听到业务部门总经理（或常务董事）的抱怨是他们没有充分地参与早期的决定。因此，当这些技术开发项目由业务部门接管时，他们不了解这些项目的含义、影响和范围。这通常是因为刚开始时，业务部门的总经理（或直接下属）没有密切地参与技术开发项目的决策。项目一旦开始进行，他们也没有参与技术开发项目的制订和规划。因此，当项目交接时，他们会感到意外，还有一些失望的情况，业务部门的高级管理层大多也没有足够的投入。

确保来自业务部门的资源投入：当双方都有一定的"风险共担"意识时，技术转移的工作会进展得更好。因此，在技术开发项目的入口处，必须有业务部门的员工作为守门员（见图7.1中的入口3和4）。同样重要的是，业务部门会将一些业务资源投入到这些技术开发项目中。因此，即使这些项目仍处于探索性研究阶段，业务部门也应提供帮助和资源，这使得项目的转移会更加连贯流畅。

来自业务部门的资源投入可能是资金，但更重要的是，针对图7.1中技术开发流程的第2、第3阶段的一些商业任务，业务部门的人员会提供帮助。例如，来自业务部门的营销人员应该开展市场分析的工作；部分业务部门人员可与企业技术人员合作，共同准备商业案例。企业可以将业务部门的员工与企业技术的团队混合在一起，使他们也成为技术开发项目团队的一部分，这当然是发生在技术开发流程的入口3之前，越早越好。

业务部门将自己的人员分配到技术开发项目团队会带来三个回报：首先，技术开发项目的关键任务，包括市场分析和商业案例，会更加切合实际。其次，当项目要交接到业务部门的时候，其中的一些员工已经了解了项目的最新情况，这使得交接更加流畅。最后，业务部门已经对项目有了一定的投入和所有权。

争取使团队成员有一定的连续性：对项目的投入工作在别的方面也可以发挥作用。在一些技术交接工作顺利进展的企业中，我们看到，来自企业技术部门并且从事技术开发项目的一些员工通常会转移到业务部门。也就是说，当这个项目从企业技术中心转移到业务部门时，他们会留在这个项目和团队中，从而将对这个商业项目的投入、热情和知识带到业务部门中。

这些入口必须是兼容的、协调的：要确保技术开发流程中的入口与企业创意发布流程的入口一致——这些入口没有矛盾或彼此独立。

例如，如果将图7.2中最终的应用程序路径入口与业务部门门径系统的入口1、2或3合并，在讨论会上，企业可以用前30~45分钟的时间讨论应用程序的入口，然后转换到常规的门径会议，讨论业务部门内部的商业项目；同样的人员会出席这两部分的会议。

第二个建议是，企业要确保技术开发流程中使用的入口标准与业务部门使用的标准一致（但因为这是一个早期阶段的项目，因此需要做出修改），并且需要业务部门人员的同意。

为技术开发项目确立项目组合的管理：我们提议使用战略桶的方法，确保为这些风险更大的技术开发项目保留足够的企业资源，并对其加以保护。为了促进项目的交接，企业可以尝试让相关业务部门的管理层参与企业技术组合的决策。例如，邀请一些关键业务部门的高级人员参与企业技术的战略决策（例如，分配到技术开发项目的研究资源比例）和技术开发项目所需要做的工作。

同样的，许多业务部门也需要良好的项目组合管理。如果业务部门要为技术开发项目提供资源（以及为最终的商业项目提供所有的资源），那么这些资源必须预留出来。正如我们在第一章中所说的，企业自然地倾向于小型的、短期的、容易的项目；没有适当的组合管理原则，业务部门是不会分配时间或人力从事技术开发和相关商业项目的工作。因此，企业要鼓励业务部门采用项目组合管理系统，使用诸如战略桶（上文和图7.5已论述）的方法，这样可以确保企业会预留一定比例的营销和技术资源，用于这些规模更大、风险更高的技术开发项目。

技术开发项目取得成功的方法

技术开发是许多企业和行业的增长引擎,它们为下一代的新产品和新流程提供了平台。因为大多数企业面临着资源紧张的问题,聚焦短期项目,因此,企业需要比以往更有效地管理这些项目,这样它们才能达到预期的结果。运用技术开发的门径流程,使用调整的过关/淘汰记分卡的方法和成功标准,运用战略桶的方法确保资源的可用性,这些是领先的企业们采用的处理这些问题的方法。

第八章

挑选优胜项目

Picking the Winners

明智地冒险。这和鲁莽行事截然不同。

——乔治·巴顿（1885—1945）

美国将军，第二次世界大战

与股票市场一样，如果企业可以在产品创新中选择好的创意并投资合适的项目，那么企业的研发投资可以获得更大的收益。可惜的是，产品创新中最薄弱的一个方面是选择有效的创意和项目，以及资源的分配。如图8.1所示，只有21%的企业在其项目组合中包含了对企业来说价值高的项目；只有四分之一的企业对项目进行了有效的排名和优先级排序；少于五分之一的企业拥有非常均衡的项目组合类型。这些情况都不太理想，但这还不是全部：76%的企业拥有超过资源可以负荷的项目，这意味着资源不足；只有21%的企业有系统性的项目选择方法。

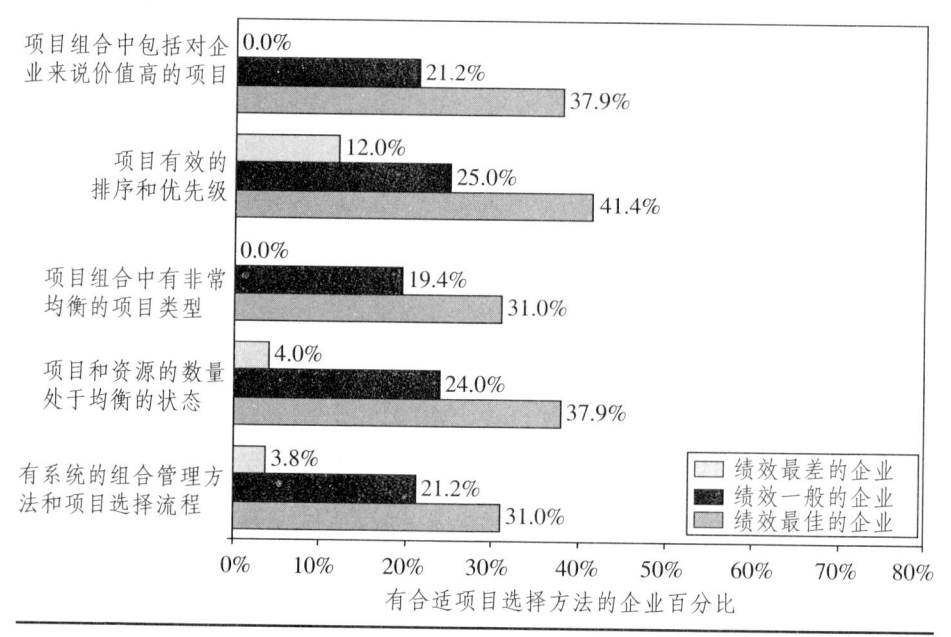

项目选择维度	绩效最差的企业	绩效一般的企业	绩效最佳的企业
项目组合中包括对企业来说价值高的项目	0.0%	21.2%	37.9%
项目有效的排序和优先级	12.0%	25.0%	41.4%
项目组合中有非常均衡的项目类型	0.0%	19.4%	31.0%
项目和资源的数量处于均衡的状态	4.0%	24.0%	37.9%
有系统的组合管理方法和项目选择流程	3.8%	21.2%	31.0%

有合适项目选择方法的企业百分比

图8.1：项目选择是产品创新中最薄弱的环节之一。
在项目选择和组合管理方面，绩效最佳的企业做得更好。

相比之下，在产品创新方面做得优秀的公司，即那些研发生产力最高的企业，都拥有卓越的项目选择和组合管理的方法（见图8.1）。

这些企业意识到，每个研发或新产品项目都是一项投资，就像股市投资一样，研发的投资也必须以专业的、系统的方式来进行审查和选择。绩效最佳的企业对项目进行了有效的排名和划分优先级，虽然做得不是很完美，但它们却拥有系统性的组合管理系统，而且比绩效最差的企业比例高得多。

本章探讨绩效最佳的企业在项目的早期阶段，会运用哪些方法选择新产品创意，做出投资的决策。这里的重点是创意的选择和早期的项目，所以我们不会介绍已知的项目选择方法，只介绍那些与最早决策点最相关的方法，即图8.2中的入口1~3。这些早期的过关／淘汰决策特别具有挑战性，因为像风险投资的决策一样，项目处于早期阶段，存在很多的未知数和不确定性。销售额、成本和利润的预估都只是猜测，所以，在早期阶段尝试使用严格的财务分析会导致种种问题。请阅读本章，看看企业如何做可以提高早期筛选决策的有效性。

采用全球一流的产品创新流程：门径系统

企业要确保选择到合适的项目，第一步是采用系统性的方法评估和落实项目，即门径系统。门径系统可以帮助企业选择创意，推动创意进入开发阶段，最终新产品得以上市。典型的门径系统含有五个阶段和五个入口，如图8.2所示。这个过程的目的是确保新产品创意都可以得到公平、客观和有效的听证和决策，同时，这些早期阶段的项目在接下来的入口处会经历越来越艰难的过关／淘汰决策。

如果企业没有这样的流程，所做的项目选择决策肯定是有缺陷的。因为这个过程存在很大的偶然性：企业仔细地考虑并评估了一些项目，而其他项目（可能是宝贵的机会）则被忽略或丢弃；或者更糟糕的是，一些项目顺利通过了评估和筛选的程序，并通过政治斗争进入了开发阶段。但是，到了要做出投资决策的时刻，这些项目缺乏做出过关／淘汰决策所需的关键信息。

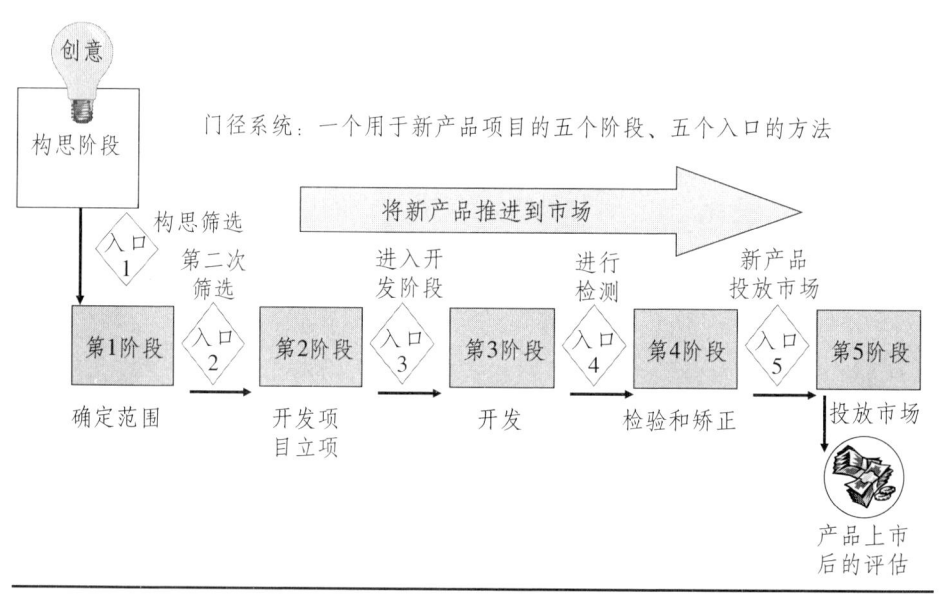

图8.2：绩效最佳的企业采用门径系统推动项目的进展。这些入口淘汰了不佳的项目，这些阶段为企业做出过关／淘汰的决策提供了必要的数据。

指导团队实现目标的手册

门径系统非常像北美足球的指导手册。这个过程会引导玩家或项目团队通过各个阶段和入口，从一个终端区域到球场的另一端门柱，直到触地得分。门径系统将创新过程分解成了一系列独立的阶段，就像足球比赛（见图8.3）。每个比赛或阶段包括一系列的行动，这些都是基于以往的最佳实践。早期行动包括客户反馈研究、技术可行性的分析、初步商业案例的准备等。门径系统手册非常清楚地划定了角色和任务，每个团队成员应该做什么，对哪些事情负责。

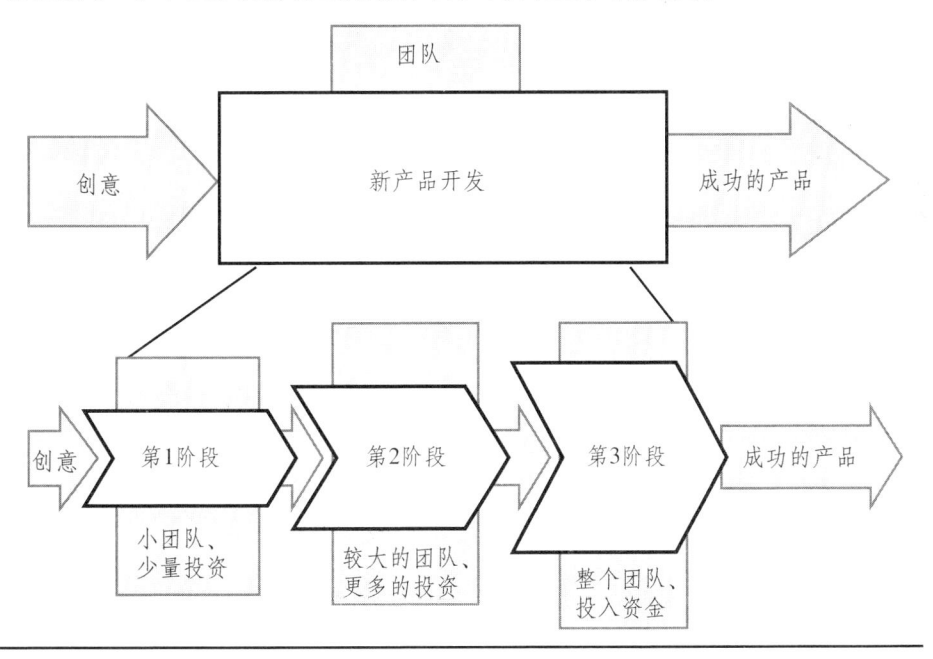

图8.3：门径系统将创新过程分成一系列不连续的阶段。
每个阶段的成本通常比之前的成本高——项目中的一系列增量和不断增加的投资。

如果企业没有可靠的、一流的创意发布流程，例如门径系统，那么，现在是时候将它落实到位了。美国产品开发管理协会(PDMA)的最佳实践研究和我们与美国生产力与品质中心(APQC)的研究都发现，绝大多数的企业都已经实施了这样的门径流程。此外，APQC的调查结论是，拥有一个像门径系统这样的新产品流程，对几乎所有绩效最佳的企业来说都是"产品创新必需的一个前提"。

构建有效的入口，将资源集中在合适的项目上

有效的门径流程是非常关键的，它可以帮助缩小候选项目的范围，直到选出最佳的创意。合理地运用门径系统就像是提供了一个漏斗，在每个入口缩小候选项目的范围，资源也可以逐渐聚焦于最佳的项目。

门径系统是如何发挥作用的呢？在产品创新过程中，每个阶段之前都有一个入口，从创意筛选或图8.2中的入口1开始。这些入口是该过程中的过关／淘汰决策点：它们会要求企业严格地审查项目，为项目进入下一阶段开辟或封闭道路，为项目的进一步发展提供所需的资源。欠佳的项目会在早期的各个入口处被淘汰，入口就犹如漏斗一样：入口的目标是将各个入口处的顶端的奶油撇去，使得有限的资源集中在价值高的创意和项目上。对于那些欠佳的项目，企业可以暂时搁置或淘汰它们。采用这样的门径、筛选、剔除过程，企业进一步改善其开发项目的组合，最大功效地投资开发成本。

入口的架构：图8.4显示了各个入口是如何架构的。它包含了以下的一些要素：

- 投入或可交付成果——这些是上一阶段的操作成果。它们包含了管理层所需的信息，帮助他们有效及时地在各个入口处做出过关／淘汰的决策。
- 守门员是那些守卫该入口并做出过关／淘汰和资源分配决策的人。这些守门员是一个跨部门的管理团队。在入口会议上，他们有足够的权力决定是否为下一阶段投入所需的资源。
- 各个入口也有标准，守门员会根据这些标准做出相应的过关／淘汰决策；入口实际上是过程中的质量控制点，在这里需要问两个关键问题：企业正在进行的项目合理吗？这个项目的操作方式合理吗？
- 输出就是决策，包括过关或淘汰，也包括搁置或回收；如果项目得以过关，那么它会获得需要的资源（人力和资金），进入到下一个阶段。

让各个入口有效地运作

早期的入口应该是相当温和的，它们会做出一些暂定的决策。如图8.2显示，随着项目的逐渐发展，入口的标准也变得愈发严格（例如，量化的或财务的标准）。例如，入口1（创意筛选）主要是定性的，很少或几乎没有财务方面的考量。但是，到了入口3，讨论中就应该包括商业案例，入口的决定和过关／淘汰的标准也相应更加严格，要包括定量的标准和财务标准。

规定的提交的列表

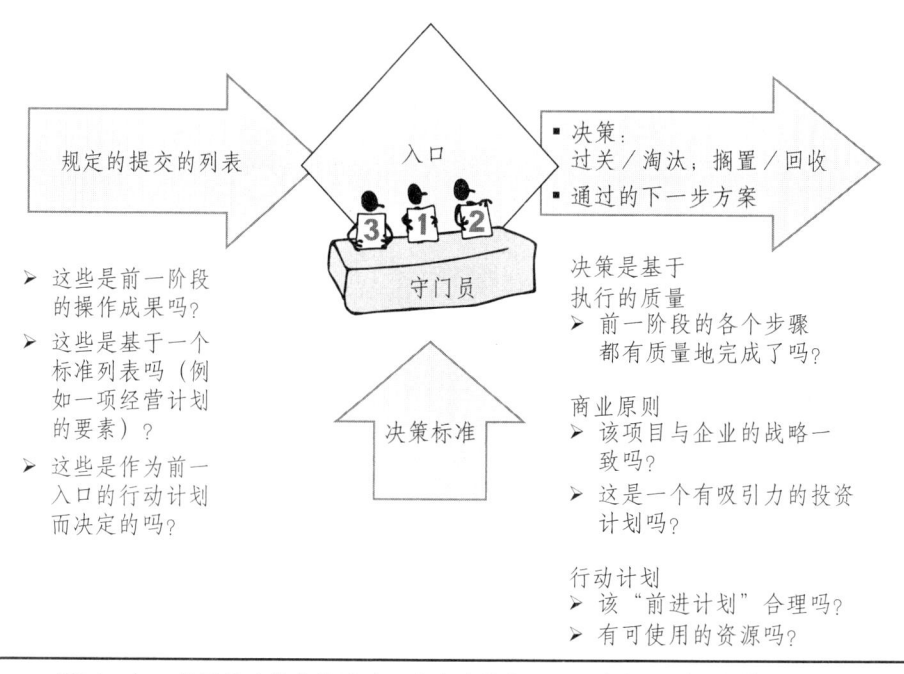

- 这些是前一阶段的操作成果吗？
- 这些是基于一个标准列表吗（例如一项经营计划的要素）？
- 这些是作为前一入口的行动计划而决定的吗？

入口

守门员

决策标准

- 决策：过关／淘汰；搁置／回收
- 通过的下一步方案

决策是基于执行的质量
- 前一阶段的各个步骤都有质量地完成了吗？

商业原则
- 该项目与企业的战略一致吗？
- 这是一个有吸引力的投资计划吗？

行动计划
- 该"前进计划"合理吗？
- 有可使用的资源吗？

图8.4：入口是门径系统中的过关／淘汰决策点。入口有投入（可交付成果）、守门员与决策标准，以及输出（过关／淘汰的决策和资源投入）。

逐渐增加投入：对于那些更大胆、更有创新性但更具风险的项目，企业的创新流程可以使用一种逐渐增加投入的投资决策方式。门径系统是风险管理模型，它的目的是帮助企业在项目的早期阶段，只有少量信息的时候，做出有效的投资决策。每个阶段会涉及比前一阶段更多的投入和资源，如图8.3所示。这就像玩一个五张扑克牌的游戏，开始的下注或前注是相当低的，但随着游戏的（或项目）进展，有越来越多的钱投入进去。

因此，前几个入口只需要相对有限的资源投入。企业只需要投入足够的资源，使项目进入下一阶段并收集信息，那么项目就可以在下一个入口接受更严格的检验。例如，在入口1，因为有太多的未知数和太少的信息，企业无法做出一个不可撤销的"过关"决定。也就是说，入口1做出的决定不是要么全有要么全无的：不要在早期的入口处就孤注一掷！

一些公司遇到的问题是，它们在入口1就做出主要的过关／淘汰决定，但是在接下去的入口处从不认真地检查项目，即项目通过入口1后就一直不会被淘汰了。这样的做法是错误的。一些通过入口1的项目可能是欠佳的，因为入口1做出的决定远不是完美的。正如一位高管反思了企业所采用的错误方法后，所说："我们从不淘汰项目……我们只是修补它们"。

不要让入口1太过严格：如果企业试图让入口1变得严格，那么企业就会面对另一种失败——除了那些"稳妥的赌注"，企业会拒绝所有的项目，最终得到的项目组合只是那些小型的、价值低的项目。总之，企业会淘汰所有具有创新性但有风险的创意。

"如何不这样做"的案例：在一家大型电子企业中，一个项目一旦通过了入口1，它就加入了该企业的产品路线图。这意味着该项目有了指定的资源，而且该项目的预期销售额成为该企业销售预测和计划的一部分。事情好像被浇筑了一样无法改变。实际上，管理层以往在做的是确保项目一旦通过了入口1，它们就永远不会被淘汰，即使是那些欠佳的项目。

管理层现在面临的问题是：如何使入口1变得更加有效和可以预测，也让它变得更"坚强"？当然，如果他们使入口1变得非常强硬，那么企业会扼杀那些最有想象力的项目。管理层意识到，自己带来的这个问题可以解决，就是采用更加渐进的或期权的方法。他们可以设立一个更温和的早期入口，并避免在早期的入口处就做出完全的承诺。

企业要意识到，入口1的决策不是完美的，企业必须在接下去的各个入口处做出一些艰难的抉择。当项目所呈现的信息开始趋于负面时，企业需要淘汰项目。有些管理者要记住：一次正确的淘汰即是一次成功！就像一个高级管理人员所说："一个正确的淘汰决策会帮助企业省一大笔钱和一堆麻烦！"。

一旦过了入口3，这个漏斗应该变窄，看起来更像一条隧道，就像一位研发副总裁所说，"一个通往隧道的漏斗"。这意味着，企业的大多数过关／淘汰决策应在图8.2中的入口1、2和3处进行。进入入口3后做出的淘汰决策，尽管有时是必要的，但已是"迟到的淘汰"。因此，对企业来说，这些是痛苦的决定，因为它们已经在过程中花费了相当多的资源。

执行阶段的操作原则

手册的存在是有原因的，它可以告诉企业应有怎样的期望，最佳的实践行动是哪些。所以跟着手册做吧！我们经常发现，公司拥有精心设计的产品创新流程，但项目团队和管理层却违反了这一规则——他们不遵守流程的要求。这就像一支忽略规则的足球队，在场上即兴发挥——有时能带来好的结果，但大多数时候，他们会输掉比赛。由此可见，规则很重要！

产品创新缺乏原则是许多公司面临的主要问题。企业为了节省时间，省略了一些主要活动，例如市场研究。重要的步骤被简化，或者完成效果不佳，例如，商业案例的准备往往达不到标准，最终得到的常常是凭空捏造的数据。

更好的数据：使用并遵循门径系统会带来许多益处（这些益处已经被很好地记录在案），其中一个明显的好处是，企业会拥有更高质量的信息。回顾企业的门径系统或创意发布系统：各个阶段会规定企业需要采取哪些行动，它们处于项目生命周期的哪个阶段，它们可交付的结果。可交付成果来自先前的活动，同时，它也包括一组组的信息。例如，门径系统可能需要企业在项目的早期进行"竞争性分析"，由此所带来的可交付成果将是"竞争性分析，包括竞争性定价、竞争性产品功能的信息、竞争优势和弱点的评估和产品发布可能带来的竞争性反应"，这些都是至关重要的信息。如果企业的确将原则落实到位，切实遵循这一流程，企业所得到的关于市场、技术和业务的信息会更加准确。

得出更好的决策：如果企业有更好的项目信息，那么它做出的过关／淘汰决策和项目选择的决策将大大改善。无论企业的项目选择工具多么复杂，或者企业的守门员多么聪明，没有充分的信息，企业的项目选择决策将是错误的——企业最终会选择不适当的项目！诚然，企业在入口1处只有很少或没有任何信息，因此，企业必须选择不需要太多信息的项目选择工具；但是，到了需要投入更多资源的入口2和3，企业需要有更充足的信息，这些信息能够帮助企业挑选出获胜的项目，淘汰不佳的项目。

事实显而易见，这个阶段操作好可以帮助企业获得更充分的项目信息。这些信息能使企业做出更明智的过关／淘汰决策，集中企业有限资源，运作合适的项目。可悲的是，许多公司似乎实践了相反的理念：它们简化了项目的前期或准备阶段，匆忙地进行重要的操作，最终只能得到有限的或不可靠的项目市场、技术和商业信息。结果是，过关／淘汰决策会议没有基于事实，所得到的决策没有任何作用，更糟的是，企业选择了不合适的项目。当新产品带来的结果不尽如人意时，企业面临着更大的压力，进而要"用更少的资源做更多的事"。因此，它们会更加简化各个环节，企业会呈螺旋式下降。

记分卡——早期门径的有效选择方法

一些领先的公司已经采用了一些方法提高其门径会议的有效性和效率。传统的门径会议仅由高级管理人员参加，他们会争论要进行哪些项目，而这些领先的公司试图超越这一模式。这些追求进步的公司已经引入了技术和方法，高级管理层通过逻辑讨论的方式能够更客观地做出正确的过关／淘汰决策。

最有效的门径工具之一是记分卡或计分模型。每当企业使用记分卡方法时，它都能提高会议的有效性和效率。但是，它并没有得到应有的重视。因此，让我们深入了解该方法，了解它为何有效，以及记分卡方法实际运用的案例。

用定性因素来预测成功

评分模型基于的理论是,相较于定量或财务因素,定性因素可以更好地预测新产品项目的成功率和项目价值。在产品创新方面,很少有事情是可以确定的,除了一件事:你得到的数字总是错误的,而且离正确相距甚远。尤其是在项目的早期阶段需要做出关键的投资决策时。这一点也同样适用于更具创新性的项目,这些项目的早期阶段只有非常有限的信息。记分卡方法的提倡者认为,如果企业在创新项目的早期门径中依赖财务和定量分析,就会得到不良的决策,正如一位经验丰富的执行官所说:"这就像用一把橡胶尺来测量房间的尺寸。"

明确推动成功的因素

新产品项目的一些特征与成功是密切相关的,因此,它们可以作为成功和利润的极佳预测因素。多年来,许多研究调查了新产品能够取得成功的原因:这些研究对比数百个成功的和失败的新产品,从而确定关键的成功因素。那些与新产品的盈利能力相关的成功因素包括:

• 具有独特优势的产品——这个产品区别于竞争对手的产品,具有独特的优势,能为客户提供卓越的价值。

• 瞄准有吸引力的市场——这个市场非常广阔并且处于成长中,有良好的利润、竞争力较弱、对竞争的抵制也较弱。

- 利用企业内部的优势——那些依赖企业在营销领域和技术方面的优势、能力和经验所得到的产品和项目更好。

请注意，所有的这些特征都是可知的，或者在项目的早期阶段可以估计出来。此外，一项主要研究表明一些成功因素和最终的盈利能力之间的相关性远远高于开发阶段之前计算得出的净现值与产品最终利润之间的相关性。

这些因素可作为成功的预测因素

为什么不使用一些已知的、强大的成功预测因素来选择项目呢？某位高管曾说，"如果你能解释成功，那么你就能预测成功！"因此，一些进步性的公司已经开发了评分模型系统，其中包括这些定性因素和成功的预测因素，它们可以帮助企业评估和排序新产品项目。

结果胜于雄辩：它虽然不是最流行的工具，但评分模型的用户们表明该方法有效。根据美国工业研究所(IRI)的一项研究，对于那些使用评分模型作为其项目组合选择方法的企业而言，它们的项目组合在几个重要的性能维度上表现卓越。在所有的选择模型中，评分模型在效率（以一个有效的方式做出决定）和有效性（做出正确的过关／淘汰决策）方面得分最高。它们也会带来价值高的项目组合（优于其他方法），以及战略上一致的项目。最后，评分模型比其他工具更符合管理层的风格。因此，许多领先的公司，如美国艾默生电气公司、ITT工业集团、强生、肯纳公司和宝洁公司都已经在早期决策时使用了记分卡的方法。例如，有一篇文章解释了宝洁在产品创新方面取得成功的原因，该文章指出："……宝洁已经开始使用记分卡的方法，帮助它们进行早期决策的筛选，并选择进入SIMPL流程的创意。"（SIMPL是宝洁门径流程的首字母缩写。）

评分模型如何发挥作用

在评分模型中，有一系列的评价项目的标准。这些公认的标准可以将那些高利润、高成功率的项目与较差的项目区分开来。记分卡的方法由这些标准出发，各个标准会使用1~5或0~10的维度。

在门径会议上，项目团队或创意讲述者会提交该项目。守门员们根据记分卡的标准对项目或创意进行评分。展示各个守门员评定的分数，最理想的是把分数显示在大屏幕上。所有标准的评分之和（包括加权或未加权的分数）就是各个项目的项目吸引力指数。一旦分数呈现出来，守门员们的分歧就显而易见，因此，他们可以进行有重点的讨论，解决分歧，达成一致。这样，企业就做出了过关／淘汰的决策，投入资源。

评分模型可用于门径决策点，以便对个别项目做出过关／淘汰决策（通过比较项目吸引力指数和标准截止）。这些结果还可以用于项目组合的审查和管理，便于企业确定项目的优先级（例如，根据项目吸引力指数排名项目，直到没有更多资源为止）。

用于项目选择的记分卡方法的示例

要使评分模型有效,其中的关键是建立合适的评分标准列表——这些因素可以将优胜项目与失败的项目区别开来。许多企业拥有出色的评分模型,下列是一些一流的评分模型,企业可参考。

Real-Worth-Win系统:Real-Worth-Win是用于早期项目选择的有效评分方法,已经存在许多年。使用过此方法的企业对其十分青睐,因为它简单有效。该系统基于三个基本问题:

- 项目是否真实——例如,是否有市场需求?
- 是否值得——例如,奖励的规模是多少?
- 我们能取胜吗——例如,我们是否拥有完成项目所需的资源或能力?

在早期的入口,三个主要的Real-Worth-Win问题下有几个拓展问题(图8.5显示了在入口1,即创意筛选处,有哪些Real-Worth-Win的示范问题)。在下面的入口处,拓展问题的数量和严格程度会逐渐增加。

> 1. 它是否真实？
>   - 它是否有市场需求、需要或机会？
>   - 技术上它是否可行？
> 2. 它是否值得？
>   - 外部的机会有多大——它对于企业有多大的价值？（销售额和利润）
>   - 它的执行需要多少花费？它需要多少资源？
> 3. 我们能取胜吗？
>   - 我们是否拥有竞争上的优势？
>   - 我们是否有必需的资源和能力进行这个项目（或者能够购置这些）？
>   - 这里的竞争有多强？他们会抵制吗？能够抵制吗？

图8.5：Real-Worth-Win系统是简单而有效的工具，帮助守门员做出非常早期的项目决策。企业可以考虑将其作为创意筛选的工具。

PRISM系统：PRISM是Product Idea Screening Model（产品创意筛选模型）的首字母缩写，是评分模型和气泡图的组合，可用于入口1。如图8.6所示，该模型是由精密生物制剂公司(Precision Biologics)开发的，该公司聚焦健康产品领域（针对医院的诊断和测试设备）。该模型包括两个主要因素：

- 机会领域，它体现了新产品目标市场或战略领域的相对吸引力。
- 企业实力，它体现了企业从事该项目的能力。

机会领域进一步分为五个问题，这些问题可以用来衡量市场的规模、增长潜力、竞争情况和产品的竞争优势。这些问题如图8.6所示。此外，企业实力可以进一步细分为营销优势和技术能力。

管理层会根据这七个问题对项目进行评分，这些问题可被合并，得出两个轴上的值。接着，各种创意会被标示在图8.6中的二维PRISM图上，管理层可以轻松地识别最有吸引力的创意。

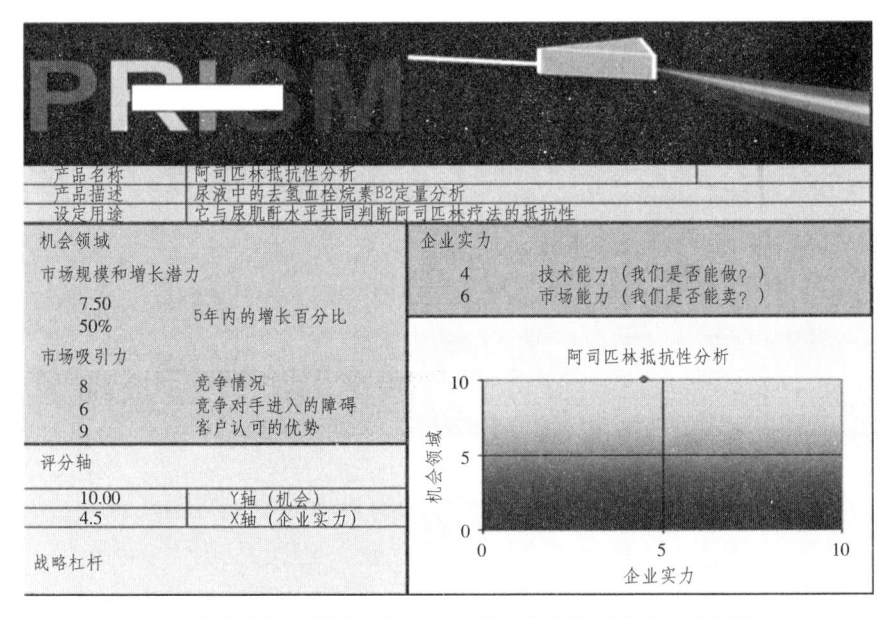

图8.6：精密生物制剂公司的PRISM创意筛选模型依赖七个问题。
守门员对创意进行评分，其结果显示为图表上的"气泡"。

Minus-Zero-Plus系统：图8.7显示了一个新颖的评分模型。同样的，它也是用于产品创新过程中的创意筛选门径。这是一家仪器公司（现为西门子的一个部门）开发的，可用来评分主要新产品（而不是生产线的扩展或调整的项目）。它包括八个筛选标准，这些标准都是精心开发和测试的。其中，每个问题都是基于文献研究，目的是要确定那些对新产品成功最重要的因素。

管理层根据八个标准评分项目，采用"减、零、加"的评分方法：

- 减（—）表示"明确的否定"并且是自动淘汰。
- 零（0）表示中性或"不知道"。
- 加（+）表示"非常有希望"。

> 1. 战略一致性：
>   —提议的项目是否与企业的战略和前景一致。
> 2. 技术上的可行性：
>   —产品的生产和制造没有明显的阻碍因素。
> 3. 竞争原理：
>   —有进行该项目的有力原因；或者它是必要的防御性或战略性的产品；或者该产品至少有一项竞争优势（例如，它是独特的、优质的产品）。
> 4. 市场吸引力：
>   —该市场（目前的或潜在的）广阔并且正在增长中；产品需求很大。
> 5. 可持续的竞争优势：
>   —该产品有一项受保护的优势，或者竞争对手不易进入该市场（只有0或＋）。
> 6. 协同性：
>   —该项目利用了（或基于）企业的核心竞争力或优势（市场、技术、制造）（只有0或＋）。
> 7. 商业上的吸引力：
>   —有潜在的利润或经济上的影响力，企业可以从中盈利。
> 8. 阻碍因素：
>   —在这一时刻，没有明显的阻碍因素或潜在的搅局者（只有－或0）。

图8.7：Minus-Zero-Plus模型基于八个标准，守门员在入口1处对创意评分和排序。这八个标准是公认的可以区分成功与失败的要素。

在企业的门径流程中，一个创意必须有三个加号才能进入第1阶段，否则，它就会被淘汰或存储在企业的创意库中。加号汇总后，企业可以对创意进行优先级排名。

Hoechst-Celanese企业研究和技术模型：Hoechst－Celanese构建了我们见到的最好的评分模型之一。它是为先进的技术项目所设计的，并且花了几年的时间进行完善，最终得到了一个周密的模型。我们曾在第七章中（见图7.4）谈及。该模型基于五个因素和19个评分标准。这些因素是：

- 企业战略的一致性——该项目和技术与企业的战略有多一致，它在战略上的重要性

- 战略杠杆——企业可以利用多少技术（多大程度、多么广泛、多长时间）。
- 技术上成功的可能性——项目是否可以完成，企业是否拥有相应的资源或能力。
- 商业上成功的可能性——市场吸引力、竞争强度和外部因素，将其商业化的能力和资源。
- 奖励——一些关于机会大小、时间和回报的估计问题。

该模型的优点是它已被企业广泛地验证了，也就是说，将模型中的分数与项目的最终结果进行比较。该模型最适用于大型的、先进的技术项目，甚至适用第七章提到的平台开发一类的项目。

埃克森美孚化工的PIP评分模型：在埃克森美孚化工所使用的门径系统中，有一部分是有效的项目选择的评分模型，即从20世纪80年代后期开始采用的PIP（产品创新过程）。这个用于门径处不多的评分模型多年来得以不断的改进和完善。它基于分布在入口0~入口4的八个主题：

- 战略一致性。
- 对市场和客户的吸引力。
- 技术可行性和风险。
- 供应和进入市场的能力。
- 竞争优势。
- 法律、SHE（安全、健康和环境）和遵守的公共政策。
- 没有潜在的不确定因素（项目被打断的因素）。
- 有持续进行的计划。

虽然从始至终的主题保持不变，但在埃克森美孚的五阶段、五门径的PIP模型中，每个主题或主题下的问题会随着项目的逐渐进展而增加难度。

为了促进更多的创新项目和基础研究项目，埃克森美孚的研究和工程公司在其传统的PIP系统上设计并增添了一项严格的前期工作。概念与第七章谈到的"三个阶段的技术开发模型"类似。同理，这个模型使用了非常相似的标准，但问题稍有修改，可以更加凸显出这些项目的创新性。图8.8显示了所用的标准，便于企业在研究模型的早期门径中做出过关／淘汰的决策。

- 战略一致性
  —与企业的战略和需要一致。
- 市场和消费者
  —市场、企业客户和潜在的应用范围。
- 企业的推动力和风险
  —经济上的吸引力、主要的业务问题和不确定性。
- 技术可行性和风险
  —科学或技术上的阻碍或不确定性。
- 竞争优势
  —竞争中的相对技术或企业优势。
- 搅局者
  —没有技术上的或业务上的不确定因素。
- 遵守的法律或规章
  —安全、健康、环境和操作规范。
- 成功的关键因素
  —成功所需的资源、事件、时机和其他因素。
- 进展的计划
  —取得目标的计划，包括目标、重要阶段、下一个入口的时间、资源和花费。

图8.8：埃克森美孚化工的记分方法使用了八个因素，守门员评分。
注意：此模型适用于技术开发、基础研究和科学项目。

SG Navigator模型：一个用于早期门径的一流评分模型。我们现在要讨论的是许多领先企业正在使用的评分模型。它把评分模型的最佳要素集合起来，也是SG Navigator产品创新系统的一部分。作为最佳的模型，该评分系统必须：

- 使用有效的标准——选择明智的、已被验证过的标准（已被证明可以真正区分优秀的和失败的项目）。
- 方便用户使用——易于使用和理解。
- 是可操作的——提出的问题清晰而且明确。
- 按照决策的相关背景，它是切合实际的——例如，需要的信息或回答很难获取，或者根本不适合该阶段的项目。

这个一流的模型含有六个因素，都是基于新产品如何获得成功的研究。该模型是为创新和真正的新产品（而不是改进、修改和调整）而设计的，并且适用门径流程的前几个入口（图8.2中的入口1、2和3）。请看下面关于六个因素的介绍。

1. 战略性——产品是否符合企业战略？产品对企业战略有多重要？

2. 产品和竞争优势——产品是否独特、优质，并且区别于其他产品？有吸引人的价值定位吗？

3. 市场吸引力——市场规模、增长和竞争强度？

4. 可利用的核心竞争力——项目是否基于企业在营销、运营和技术方面的优势？

5. 技术可行性——技术差距多大程度？产品的开发有多复杂？企业以往操作过类似的技术项目吗？

6. 回报与风险——企业能从中营利吗？有什么风险？企业对此有多大的把握？

图8.9显示了这些问题的细节。在门径会议上，守门员应该使用带有固定描述的记分卡帮忙评分。收集记分卡，录入评分数据并显示结果。尽管图8.9中的详细问题是针对创意筛选的，即入口1，但是类似的问题可用于入口2和3，不过问题会越来越严格。例如，到了入口3，回报与风险的问题会聚焦NPV和投资回收期，因为在该入口，财务数据会作为商业案例的一部分呈现出来。

```
1. 战略性：                        5. 技术可行性：
 • 与企业的战略一致              • 技术差距的大小
 • 项目在战略上的重要性          • 技术复杂性
2. 产品的竞争优势：              • 过往案例和技术不确定性
 • 对于使用者的独特优势         6. 回报与风险：
 • 与竞争对手产品的差异性        • 回报的大小——如果成功，预估的潜
 • 更好地满足消费者需要            在利润规模
 • 性价比高                      • 花费的成本——预估的风险数额
3. 市场吸引力：                  • 回收期——预估多久可以收回投资
 • 市场规模                      • 预估收入、花费和利润的确定性——从
 • 市场增长                        "非常确定"到"没有根据的猜测"
 • 竞争情况                      
4. 可利用的核心竞争力：          • 在门径会议中，守门员根据这六个因
 • 营销和分销优势                  素进行评分。
 • 技术优势                      • 评分因素需要明确最低的要求，否则
 • 制造和操作优势                  自动淘汰。
                                 • 将各个因素的分数相加（加权或未加
                                   权），从而得到项目吸引力指数。
```

图8.9：如SG Navigator模型所示，此评分方法可用于早期的门径。
这六个因素是基于新产品如何获得成功的研究。

一旦完成了评分和显示数据的步骤，该项目会与其他项目一起标示在气泡图上。图8.9中的六个因素的分数会以加权的方式汇总，从而

221

得到图8.10中的两个维度（参见插入文本）。这两个维度是：

- 机会的大小（竖轴），该因素将产品的竞争优势、市场吸引力、回报与风险以加权的方式合并起来。
- 与企业的一致性/企业杠杆（横轴），该因素体现了该项目多大程度地利用了企业的能力、资源和实力、项目的可行性，以及它是否符合企业的战略方向。

> **两个维度的计算**
>
> 要计算出入口1"机会的大小"这一维度，统计分析显示，在三个因素上放置几乎相等的权重是近似正确的（产品优势的权重会稍高一些）。但是，到了入口3，应将更多的权重放在"财务回报与风险"因素上。针对入口1的因素，它的近似权重是：
>
> 机会的大小=0.40×产品优势+0.30×市场吸引力+0.30×回报与风险
>
> 要计算出"与企业的一致性/企业杠杆"，可以在入口1处使用以下权重：一致性和杠杆=0.33×战略一致性+0.33×可利用的竞争力+0.33×技术可行性

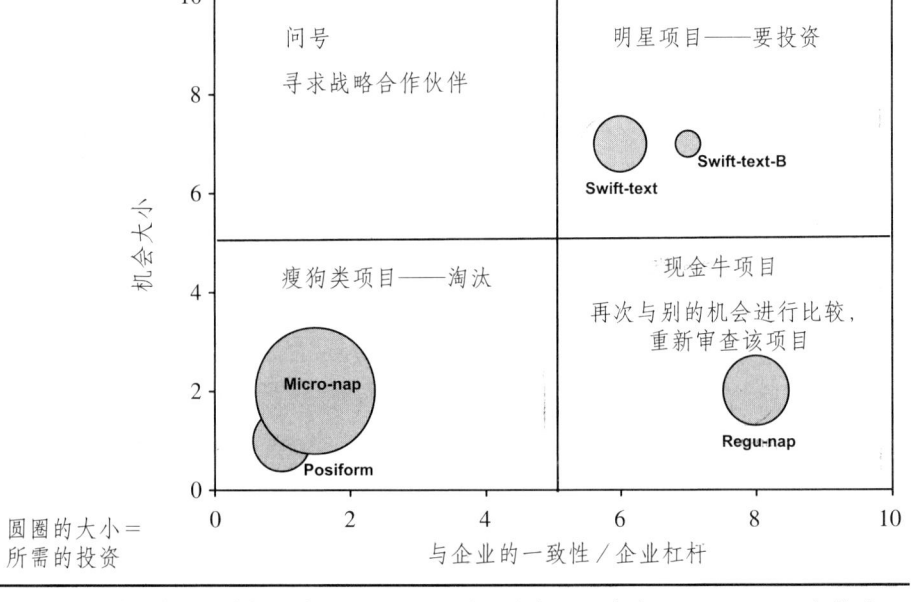

图8.10：将创意和机会标示在二维图上。这些评分由图8.9中的SG Navigator评分模型因素决定，采用了文本框中的组合公式。

如果一个项目在任一因素上得到了较低的评分，它会自动被淘汰。例如，项目在技术可行性上评分较低，那么它在其他因素上的高分已经不再重要了，因为它已经被淘汰了。

记分卡的优势

该方法的主要优点在于它的简易性——易于使用和理解。记分卡还体现了好项目的许多方面，而不仅仅是财务方面。例如，该方法不仅包括了战略上和竞争上的优势，也包括技术方面。同时，它还涉及多个目标。此外，记分卡可以得出项目的评分，而不再仅仅是框中的一串记号。此分数可用来对项目或创意进行排名，确定优先顺序。最后，如上所述，相比于其他的方法，该方法可以帮助企业及时得出正确的决策。

或许，该模式最大的优势是，它用一个积极的、建设性的方式使高级管理层参与到决策过程当中。该评分流程要求高级管理层在参加门径会议前，要有适当的了解和准备。接着，他们会参与到具有启发性的讨论中。最后，他们会私下并且彼此独立地对项目进行评分。这个方法能够让一组管理人员根据各个重要的标准来考察一个项目的利弊，进行有重点的讨论，做出最后的决定。最重要的是，在使用该方法的企业中，高级管理层看起来都喜欢它，因为它适合他们的管理风格。

记分卡的劣势

该方法最大的挑战在于要遵守它的流程。有些人认为，门径会议上的流程有点繁重，因为它增加了时间。确实如此。但是，一个有能力的会议主持人可以将讨论集中在要点，而且合适的电子辅助设备可以提高评分和展示环节的效率。

第二个问题基于一个事实，即评分有时是非常主观的。实际情况确实如此。只要是一群人在一个房间里做决定，肯定会有一定程度的主观性。尽管如此，如果企业仔细选择问题和维度，使用可靠的、有明确固定描述的记分卡，并且项目团队用事实回答问题，就可以最大限度地弱化主观性。

最后一个问题是，虽然记分卡系统便于操作，但开发这样的系统却并不容易。事实上，我们见过许多设计得非常糟糕的记分卡系统设置了糟糕的问题、错误的问题、措辞不当的问题、过多的问题、无法回答的问题等。最一致的弱点之一是，企业会使用尚未被验证的标准并且将其作为判断高利润项目的标志。这样的系统设计不是一个业余爱好者可以承担的，因此，企业需要邀请设计记分卡的专家进行设计，并彻底了解什么是过关／淘汰的关键标准。

计算风险调整的经济价值：预期的商业价值

虽然对于创意筛选或入口1，使用财务或经济手段有些为时过早，但是到了入口2或3，企业需要努力评估项目的经济价值。预期商业价值(ECV)方法是一种备受推崇的方法，它可以确定早期阶段项目的经济价值，而且往往是在数据有限并且非常不确定的情况下。这里的关键词是"预期"。传统金融工具（如NPV或投资回收期）的弱点是，它们没有考虑到风险和不确定性，因此，它们得到的技术和商业上的成功率根本没有用或者没有反映出实际的情况。

ECV方法克服了这个弱点，它也是更周密的金融模型之一。它是传统金融模型（如NPV）的扩展，但包括了一些新变化，因此，它特别适用于早期的项目，例如，在图8.2的入口2和3。ECV通过介绍项目的多种潜在结果及其发生概率，有效地应对了数据和结果的不确定性。该方法还体现了增量投入的概念，即在一个项目上"买入期权"并且可以在任何时候取消该项目。

ECV如何运作

我们举例子说明ECV是如何运作的。英国瓷土公司（ECC，世界上最大的黏土和黏土相关产品的生产商）会决定各个项目对企业的商业价值，即其预期商业价值。目前，该公司正在考虑一系列相当大的、高风险的早期项目，如图8.11所示。该图显示了项目的预期收入、开发和商业化成本、预期成功的概率。我们以图8.11中的第1个项目作为确定ECV的例子。有关Alpha项目的一些情况，请参考插入的文本框。

项目名称	现值	技术成功的可能性	商业上成功的可能性	开发成本	商业化成本	净现值	预期商业价值
Alpha	30	0.80	0.50	3	5	22	5.0
Beta	63.8	0.50	0.80	5	2	56.8	19.5
Gamma	8.6	0.75	0.75	2	1	5.6	2.1
Delta	3	1.00	1.00	1	0.5	1.5	1.5
Echo	50	0.60	0.75	5	3	48	15.7
Foxtrot	66.3	0.50	0.80	10	2	54.3	15.5

图8.11：ECC公司正在衡量六个早期的风险项目。
它根据图8.12的决策树模型计算出了各个项目的预期商业价值。

案例：图8.11中的Alpha项目

- Alpha项目有一个收益流，即未来五年的利润预测。将这些未来的收益适当折现时（贴现），这些未来收益的现值(PV)为3000万美元（图8.11的第2列）。
- 技术上成功的概率（能够成功开发该产品，满足技术性能要求并且实现目标成本）相当高，估计可能性为80%（第3列）。
- 但是，3000万美元的现金流非常不确定。事实上，商业上成功的概率估计为50:50或50%。因此，这是一个风险很高的项目（第4列）。
- 开发成本为300万美元（第5列）。
- 商业化成本为500万美元——主要是资本设备（第6列）。

可以快速地计算出NPV或净现值，即将现值减去商业化和开发的成本，从而得到2200万美元（第7列）。

图8.11所示的NPV忽略了风险和概率，明显夸大了各个项目的价值。因此，这里的问题是：真正的价值到底是多少？或者说，各个项目的预期商业价值或ECV是多少？

决策树是用于计算各个项目预期商业价值的方法。决策树描绘出了项目中的一连串事件，看起来像一棵树（见图8.12）。同时，它将不同事件或决策的潜在结果表示为树的分支。在不同的分支上，还标有各个结果的财务状况，各个结果发生的概率。

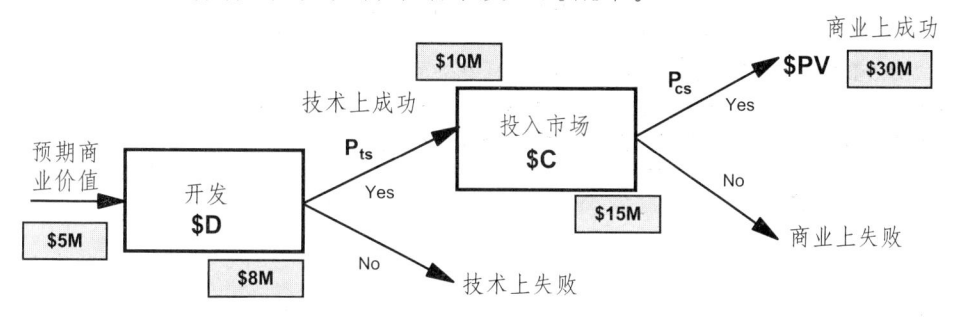

$ECV = 项目的预期商业价值
P_{ts} = 技术成功的概率
P_{cs} = 商业成功的概率（如果技术上已经取得成功）
$D = 项目仍需的开发成本
$C = 商业化（投入市场）的成本
$PV = 项目未来收益的现值（贴现）

图8.12：Alpha项目的ECV是用决策树的方法计算得出的。它从右边开始，向左推动，根据插入的文本框计算得出。

我们再次以Alpha项目为示例，根据图8.12所示的决策树，一起考察预期商业价值是如何计算出来的。

227

> **ECV解决方案**
>
> - 从图的最右侧开始。在那里，你看到项目的现值是3000万美元。
> - 这个现值的收益是基于商业上成功的假设，其概率是50%。因此，现值必须乘以商业成功的概率Pcs。因此，ECV现在是PV×Pcs或1500万美元。也就是说，在项目投入市场的前一天，公司在3000万美元或一无所有中有50:50的可能性：这个项目的价值是1500万美元。
> - 要进入市场，企业需要将项目商业化（如图中的商业化方框）。因此，企业必须拿出C美元或500万美元作为商业化成本。因此，ECV现在是(PV×Pcs)−C，或1000万美元。
> - 在对产品进行商业化之前，该产品必须取得技术上的成功。因此，上述的ECV值必须乘以技术成功的概率Pts或80%。ECV=[(PV×Pcs)−C]×Pts或800万美元。
> - 要取得技术上的成功，公司必须在开发上投入资金，如图中的开发方框所示。开发成本为D美元或300万美元，因此，ECV必须减去该数额。
> - 因此，Alpha项目的ECV或预期商业价值是500万美元（如图8.11最右边的一列所示）。
> - 在图8.11中，其他项目的ECV也用相同的方式计算出来，也显示在最右边的一列（第8列）中。

图8.12所示的决策树基于一个简易的二阶段模型。你可以选择一个三个或四个阶段的模型，其中，各个阶段都有自身的成本和成功的概率。例如，一个增加的阶段可能是验证阶段，它的成功概率与试用或实地检测的可能性相关。企业还可能面临各个不同的商业上的结果，从"巨大的成功"到"灾难"，每个情况都有它发生的概率和不同的财务上的结果（在图8.12中，我们只标出了两个分支或结果，即成功或失败）。

我们可以参考图8.11，比较其中的第7列和第8列，看看ECV与简单的NPV有多大的差异。例如，Alpha项目的NPV在减去开发和商业化成本后，是2200万美元。乍一看，人们可能会认为Alpha项目的商业价值是2200万美元。但情况并非如此，根据ECV的方法：根据风险调整后，该项目的真正价值只有500万美元，这与2200万美元有天壤之别！由此可见，仅仅用NPV对项目进行评分或估价可能会产生误导人的结果。

利用生产率指数排序项目

针对图8.11中的一系列早期阶段的项目，预期商业价值赋予了它们各自的经济价值，并且考虑了不确定性和风险。现在，企业该如何决定要投资的项目和搁置的项目？一般来说，企业会有超过自身资源可以承担的项目选项。

要得到一个项目优先级的列表，我们会使用生产力指数并将资源有限这一因素纳入考虑的范围。生产率指数基于约束理论。每当你希望最大化某些东西（例如，开发项目组合的预期价值）时，都会受到一些约束，处理的方法很简单。

规则：将你想要最大化的比例(ECV)除以受到限制的资源（例如，执行项目所需的研发资源）。

按照这个规则得出生产率指数：

$$生产率指数 = \frac{输出}{投入} = \frac{项目价值}{受到限制的资源} = \frac{ECV}{每个项目的开发成本}$$

案例：见图8.11，ECC公司正在考虑一系列的项目。它已经使用了图8.12决策树的方法为图8.11中的各个项目计算ECV。所有的项目都是好项目，有好的ECV数值（如果项目的ECV是负数，则意味淘汰该项目）。

接下去的挑战是：公司的开发成本预算是1500万美元。由于这些项目都会持续大约一年的时间，企业无法操作所有的项目。请留意，将图8.11中的开发成本加起来的总和为2600万美元，几乎是预算的两倍。

确定哪些是优先级最高的项目？哪些项目值得投资？哪些应该搁置？

为此企业确定了图8.11中六个项目的生产率指数。生产率指数由上述的方程（ECV/开发成本）计算得出，其结果显示在图8.13中的第4列。

现在，项目根据其生产率指数重新排序，确保最大收益。也就是说，对于给定的研发预算，将项目组合的ECV最大化。图8.13显示了最终的优先级列表。其中，水平线以下表示超过了1500万美元的预算。水平线以上的项目被列为"过关"项目，而那些在线下的则列为搁置项目。

项目名称	预算商业价值	开发成本	生产率指数=ECV/开发成本	总共的开发成本
Beta	19.5	5	3.90	5.0
Echo	15.7	5	3.14	10.0
Alpha	5.0	3	1.67	13.0
Foxtrot	15.5	10	1.55	23.0
Delta	1.5	1	1.50	24.0
Gamma	2.1	2	1.05	26.0

开发的预算限制为1500万美元

$$\text{生产率指数} = \frac{\text{输出}}{\text{投入}} = \frac{\text{预期商业价值}}{\text{开发成本}}$$

图8.13：要最大化项目组合的价值，企业可以确定其生产率指数（生产率指数=ECV/开发成本），并通过该指数对项目进行排名，直到资源耗尽。

如果项目只根据预期商业价值（而不是生产率数或ECV/开发成本）进行排序，得到的优先级列表将是完全不同的。最重要的是，总体项目组合的价值会更低，这意味着，对于给定的研发预算，这样的项目列表将得出较低的ECV总数值！

ECV方法的优势

ECV方法最大的优势是，它的确考虑了项目风险和概率，包括商业和技术方面，而通常的NPV则没有。对于大多数创新型和早期阶段的项目，成功概率一般小于100%。如果企业像传统的NPV方法一样忽略这一事实，往往会高估项目，由此得到的差异会十分巨大。在图8.11中，同一项目得到的传统NPV数值和ECV之间存在巨大的差异。由此可见，ECV方法体现了一些学科和财务的严谨性，这个方法也最适合那些具有很多未知数的高风险项目。

第二个主要的但不很明显的益处是，该方法认可投资项目的增量或期权性质，即项目是"一次买一件"，同时，管理层在项目的进展阶段有过关／淘汰选项。如果项目在中途停止了，它不会产生某些费用。因此，该期权的方法降低了项目的风险。因此，项目的"正确估价"应通过期权或决策树的方法，如图8.11和图8.12所示（ECV也非常类似于其他更复杂的期权方法，如"期权定价理论"或"真实期权"法）。

ECV所青睐的项目类型

仔细观察图8.12中的方法以及图8.13中的排名顺序列表，我们可以发现，ECV模型会将某些类型的项目适当地推到优先级列表的顶部，包括：

● 那些即将投入市场的项目。

● 企业相对投入较少的项目——到目前为止，在该项目上花费的所有资金都是沉没成本，而这与排名决策无关。

● 具有更高成功概率（商业上和技术上的概率）的项目和更高利润的项目。

● 对稀缺的或限制性的资源所需较少的项目（例如，开发成本较低的项目）。

ECV的劣势

该方法的主要劣势在于其对财务和其他定量数据的依赖。例如，企业必须提供所有项目未来收入的数据、预估的商业化（和资本）支出、开发成本和成功概率等数据。一般来说，这些估计是不可靠的，或者它们在项目的早期无法获取。因此，该方法只适用于流程中某一点以后的项目（例如，在开发项目立项之后）。

第二个劣势在于概率的处理，如何定量地估计成功的概率？预估成功的概率就好像凭空得到一些数据一样，但这些预估的概率对项目价值有很大的影响。在实际操作中，这些概率值会相加起来，然后乘以项目的现值。这些概率估计中的微小误差可能带来项目估价上的巨大误差！

估计概率

有三种方法可用来估计项目成功的概率。一些公司已经开发了数据表（基于以往的项目），显示了不同类型项目成功的可能性。第二种方法是从评分模型中的一些因素推算成功概率。例如，在使用Hoechst-Celanese模型时，两个因素（在图7.4中，技术上的成功率和商业上的成功率）在0~10上的得分可以直接转换为百分比概率（同样，基于企业已经收集到的历史数据）。

改进的德尔菲法是第三个估计概率的方法，也许是最有力的方法。德尔菲法整合了一组专家的集体智慧，并得出一个明智的结论（在下面的例子中，是对商业或技术成功率的预估）。

首先，一组专家聚集起来讨论某个主题（在此例子中，是一个创意会面临重大技术挑战的概率）。他们会进行一次有主持人的讨论，在讨论过程中，主持人会使用一些引导性的问题推动会议的进程，例如：

- 任何人都能识别这个项目的技术障碍吗？
- 有哪些可能的解决方案？
- 在企业外部是否已经存在一个这样的解决方案？
- 企业还可能会遇到怎样的技术障碍？有没有办法来避免它们？

在结束讨论时，每个专家需要私下表明他或她对技术成功概率的估计（写下一个介于0~100之间的数字）。这些预估会被收集起来并匿名呈现在小组的展示板上。很多时候，意见会有很大的分歧，因此主持人引导下一轮的讨论，以此探讨产生这些差异的原因。之后会进行两三轮的对话，每轮对话结束后专家都会私下投票，从而使与会者达成共识。

这个方法是十分主观的，但能从专家组那里获得定性和定量的观点，所以它是公认的一种有效方式。在多年的研究中，该方法始终带来非常接近实际情况的"答案"。

总结：尽早选出获胜的项目

要在初期就挑选出获胜的新产品，这并不容易。本章介绍了一些领先企业所使用的方法。它们可以帮助企业对创意和项目做出早期的决策，特别是在所知信息相对较少的情况下。主要建议如下：

建立一个可靠的创意发布流程：该流程应该基于门径方法，指导企业将其想法和项目从创意阶段推进到开发阶段，最终进入市场（图8.1）。通过这样的流程，企业可以尽早剔除不良的创意和项目，并且从中获益。同时，企业也可以从各个阶段中收集更好的信息，使接下去的门径更基于实际情况且更加有效。

使用记分卡的方法：记分卡方法特别适用于前几个门径，即入口1到入口3。在门径会议时，守门员使用记分卡的方法十分有效，特别是当项目只有有限的数据时。我们在上文提到了许多不同的记分卡方法，每个都有其优点。请考虑为不同类型的项目使用不同的记分卡方法，例如：

● 对于高级技术、技术平台和技术开发(TD)的项目，可以使用Hoechst-Celanese模型（见图7.4）等记分卡方法。

● 一流的SG Navigator记分卡方法可用于创新型的新产品（见图8.9）。

● 对于创意门径，或许可以使用一种更简易的记分卡方法，如Real-Worth-Win系统（见图8.5）或PRISM模型（见图8.6）。

● 对于那些不是真正意义上的创新开发项目，包括生产线扩展、修改、回应客户或销售人员请求类项目时，可以对其进行快速的财务分析或成本效益指数分析，专门使用为这类型的项目而设计的简单记分卡方法。

同时，企业可以使用图形，将记分卡的结果在多个维度上显示出来，如PRISM和SG Navigator模型所示（见图8.6和图8.10）。

确定早期阶段项目在根据风险调整后的经济价值：企业可以引入财务分析方法，但不应过早地使用。过度地使用金融工具可能会过早地扼杀创新项目，此外，早期的财务数据大多是虚构的。因此，在图8.2中，入口2是最早可以考虑财务分析的入口（在建立初步的商业案例之后），当然入口3也可以，那时已经具有了完整的商业案例。

当企业采用方法进行财务分析时，需要考虑到收入和成本的估计都是不确定的，它们的发生概率不到100%，因而这些项目是有风险的。因此，企业可以采用预期商业价值的方法来处理概率和风险，该方法依赖决策树的手段（见图8.12）。当企业在入口2或3对项目进行排名时，不要只根据ECV进行排名。企业可以引入有限资源这一概念，并使用生产率指数对项目进行排序，如图8.13所示。这样可以确保企业的研发支出最大地发挥效益。

本章开始，我们引用了美国乔治·巴顿将军的话，他告诉我们要"明智地冒险"。为此，我们必须实际计算风险，即进行计算，得出数值。因此，企业可以使用ECV方法来计算根据风险调整后的项目价值，还可使用评分模型，即另一种经过验证的工具，帮助高级管理人员在不确定和有风险的条件下做出过关／淘汰的决策。

第九章

最后的思考——
寻求颠覆性的创新

Some Final Thoughts—
Seeking
Game-Changing Innovations

他在制订计划时会感到担忧并且思考可能发生的一切事情，
但在行动的时刻却英勇无比。

——希罗多德（公元前484年—公元前424年）

希腊历史学家，《历史》

运用创新菱形

绩效最佳的企业如何持续获得最佳的新产品，而且看起来不那么费力呢？企业在产品创新方面的表现基于四个主要驱动因素。也就是说，根据第一章中谈到的研究，绩效最佳的企业有四个共同特征，我们称之为构成创新菱形的四个绩效点（见图9.1）。像宝洁这样的公司正使用创新菱形指导其产品创新工作，你的企业也可以将创新菱形作为新产品工作的框架，以此获得突破性的新产品。让我们一起回顾图9.1中创新菱形的四个要点，从顶部开始：

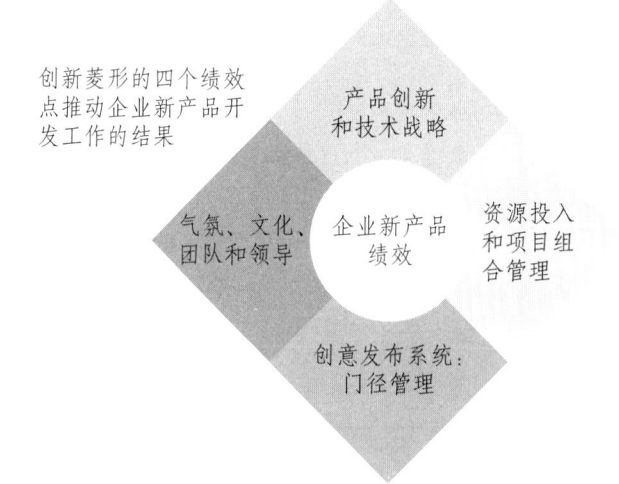

图9.1：四大主题，即四个绩效点，对于企业新产品开发的绩效影响最大。企业可以使用创新菱形指引产品创新的工作。

企业的产品创新和技术战略

因为领导团队和行业战略眼光的驱动,绩效好的企业都有产品创新和技术战略。产品创新战略对于引导企业的创新工作十分重要。它明确了着眼点,包括什么在界限内、什么在界限外,为企业搜索新产品创意的工作提供了焦点。

或许,相比于计划本身,更重要的是企业的领导团队共同制订创新战略这一过程。正如德怀特·艾森豪威尔(诺曼底登陆战役的盟军最高指挥官)所说:"计划本身毫无价值。实施计划才是一切。"因此,制订产品创新战略有助于推动企业的构思阶段:通过各种分析,包括行业、市场、技术、价值链和核心竞争力的分析,企业几乎确定可以找到新机会,将新市场、新产品,甚至新业务纳入考虑范畴。这就是战略构想,也是制订战略产品路线图的一项主要投入。在第三章中,我们讨论了三种相关的战略方法,开发外围视觉、识别突破性技术、使用未来场景。这三种方法帮助企业获取有前景的新产品创意,甚至是新业务,是获得新创意的巨大的潜在来源。

产品创新战略可以帮助企业的领导团队筛选评估创意和早期阶段的项目。注意,在第八章中我们提到了一些企业可操作的评分模型,在所有评分模型中,第一个问题总是战略性的问题:这个项目是否符合企业的战略？这个项目在战略上有多重要？没有明确的产品创新战略，该问题无法回答。

创新战略的关键要素

高级管理层所要明白的是，如果企业缺少产品创新战略，那么是时候制订并推行这样的一个战略了。制订产品创新战略的关键要素和步骤如图9.2所示。

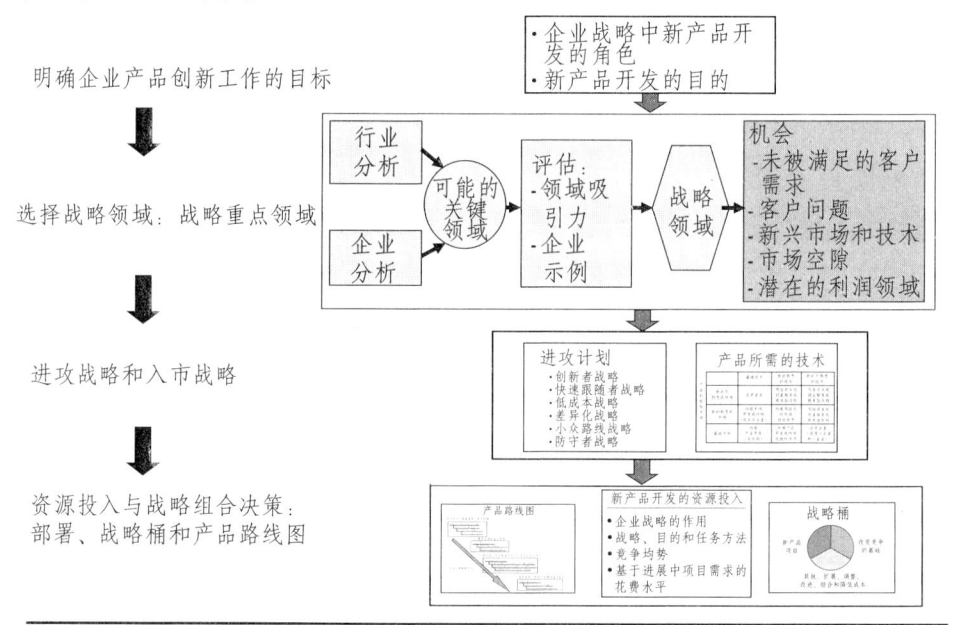

图9.2：企业要制订产品创新战略，首先要明确新产品开发的目标，之后要明确战略桶和企业的路线图。

目标和作用：首先，企业要明确企业目标，企业目标包括总体新产品工作的目标，产品创新将在实现企业目标中所发挥的作用。其次，确保新产品在实现企业经营目的中标作用是清晰的，且企业中的每个人都已知晓。

领域和战略重点：产品创新战略的关键是有重心。它明确了企业要向哪里进军，或者更重要的，不会向哪里进军。战略领域的概念是新产品战略的核心。它包括了新产品工作针对的市场、行业部门、应用程序、产品类型和技术。企业可以使用战略地图的方法帮助企业明确并决定其战略领域，如图2.12和图2.13所示。

进攻战略和入市战略：如何进攻每个战略领域也应该是产品创新战略的一部分。企业的确要选择战略：例如，成为行业的创新者或"快速跟随者"。其他战略可能侧重于低成本、差异化或者小众路线。别的一些战略也可能强调某些优势、核心竞争力或产品属性。此外，企业必须制订新领域的入市计划，通过内部产品开发"单打独斗"、通过许可、合作和合资企业等寻求联盟。

部署——支出投入、项目优先级和战略桶：只有当你投入了资金，战略才会变成现实！因此，产品创新战略必须包括在产品创新上投入多少资源。它也需要根据企业的战略重点领域，表明相对的重点或战略优先顺序。战略桶是一个有效的工具，便于企业在不同的战略领域、不同类型的开发项目之间进行合理的资源分配。

战略产品路线图——主要措施和平台发展：战略路线图是制订进攻战略中主要措施的好方法。路线图能从管理团队的角度出发，帮助他们实现理想的目的（如图2.15所示）。因此，企业务必要制订出五到七年的主要发展计划，并为这些发展设立暂时的地标。图2.16显示了路线图绘制所需的投入。

有效的创意发布系统

创意发布系统帮助许多企业解决了它们在新产品工作上所遇到的难题。如图9.1所示,创意发布系统也是四个绩效点之一。它显示在创新钻石的南端。

企业面临的压力是逐渐增加的,它们需要缩短周期,提高新产品的成功率。于是,企业开始采用门径系统,用来管理、指导和控制产品创新工作(见图8.2)。也就是说,这些企业已经制订了一个系统性的过程,包括手册、进展计划或框架,来推动新产品项目从创意到上市的进展。

虽然许多企业声称它们拥有创意发布系统,但绩效最好的企业似乎可以更好地运用它。绩效最佳的企业有强烈的客户导向,并在项目的早期阶段十分强调客户反馈。他们在前期加载其项目,即在开发之前进行适当的、广泛的前期作业(对比来说,绩效最差的企业往往会匆忙地将一个没有明确的、没有进行适当调查的项目推进到开发阶段,并在之后承担相应的后果)。绩效最佳的企业会专注于开发差异化的、优质的产品,更好地满足客户的需求。相比之下,绩效最差的企业更倾向于开发那些没有差异化、没有竞争优势的一般产品。

积极的构思阶段

门径系统的重要部分是它的前端,特别是图8.2中的构思阶段。事实上,构思阶段正在成为创意发布过程中最关键但常被忽视的阶段之一——它为创新漏斗提供支持。企业的构思阶段应该包括产生、采集和刺激新产品创意的方法,如图9.3所示。

1. 创意采集和处理系统:绩效最佳的企业在产品创新过程中会构建创意采集和处理系统,如图1.14所示。第六章谈及的施华洛世奇的模式就是一个很好的范例:该公司建立了i-LAB系统处理和充实企业内部的创意,并采用i-FLASH软件征求创意,快速评估创意。企业的创意采集系统应该为主要人员或处理这些创意的I-Group团队设立一个入口或"匝道"。该团队会对创意进行改进和补充,一直到这些创意被明确定义时,它们会被提交到入口1以供审查。由此可见,需要一个向企业全体员工都开放的创意库或搁置创意的储存库。

2. 以客户为中心:客户反馈是发现绝佳新产品机会的重要渠道。这里的关键是企业要超越客户的想法,并且努力了解他们真正未被满足的、未说明的需求。要达到这样的目的,企业只能采用一些方法实现与客户的面对面的互动,使用一些方法,如"野营"或日常生活中的研究(人种学),客户拜访与深入访问。第四章还推荐了一些其他客户反馈的方法,与领先用户合作、采用讨论小组明确客户的问题和众包。这些方法可能更适合你的企业。

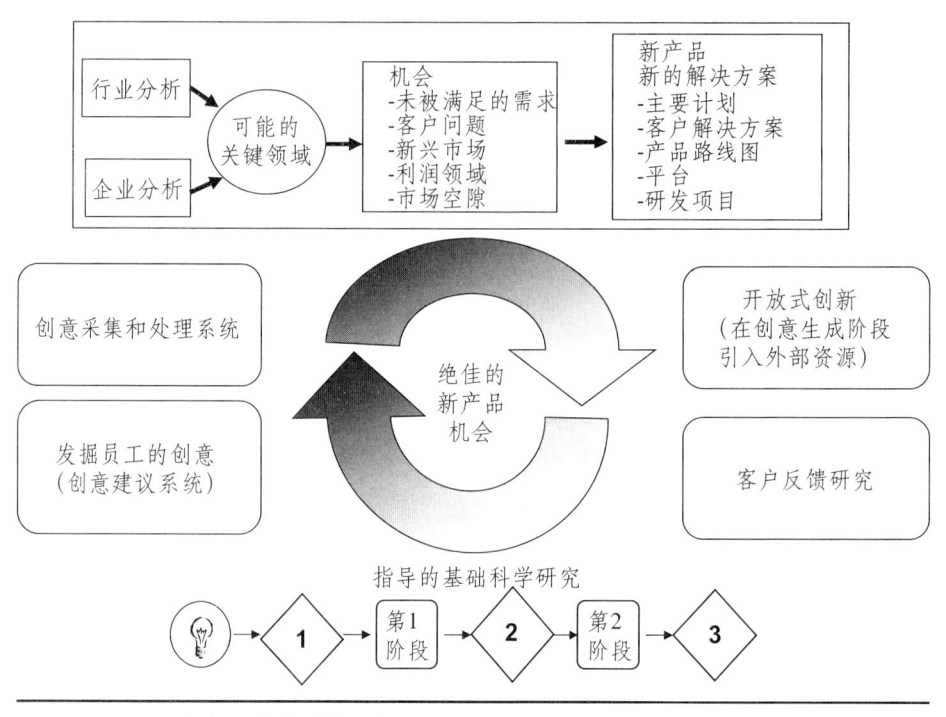

图9.3：门径系统中的构思阶段必须是积极主动的，也需要适当的管理。
它包括了多项活动，这些活动可以一起为产品创新带来巨大的机会。

3. 开放式创新：领先的企业已经意识到开放式创新的重要性，因为它利于企业内部和外部的创意和新产品保持适当的平衡。为此，这些企业已经把开放式创新纳入流程中，形成有技术支持，运用团队和文化的杠杆，发掘外部的合作伙伴和联盟，来寻求新创意、发明和创新（如第五章所详细讨论的）的系统。在寻求新产品和新业务的创意时，企业不仅会着眼于外部，寻找客户们需要解决的问题或未被满足的需要，也会寻求其他可用的来源，例如发明家、初创企业、小型企业、合作伙伴等，将它们作为内部或共同开发的基础。并且，企业也可以收购外部已经产品化的，甚至已经商业化的创新。

4. 内部创意：不要忘记企业自身的员工也是创新思想的重要来源。当企业设立了创意采集系统时，还需要建立一个创意建议系统，主动从员工那里寻求新产品创意。企业可以每年举办企业外的MRG创收活动，以有组织的方式让创意人士参与到构思的过程中。同时，可以在企业内定期举办头脑风暴会议，以此推动员工的创造力。

技术开发的门径系统

虽然门径系统已被证明是指导新产品项目的有效方式，但是这样的系统可能不适合于技术开发和基础研究项目。因此，我们在第七章中概述了用于此类项目的门径系统，如图7.1和图7.2所示。如果企业要进行一系列的技术开发项目，其中的可交付成果是新知识或一项技术能力，那么，请考虑建立技术开发门径系统。如图7.3所示，只有将技术开发流程牢牢地与常规的门径系统相连接，才能确保这些技术开发项目获得成果。

组合管理系统有助于企业专注合适的项目

在图9.1中，创新菱形的第三个绩效点是资源投入并且专注于合适的项目，即项目组合管理。项目组合管理关系到企业中的资源分配。也就是说，在那么多机会中，企业应该投资于哪些新产品创意和发展项目？哪些项目应该优先考虑并加速推向市场？

使用战略桶

资源的战略性分配是项目组合管理的重要方面。战略桶是一种有效的战略方法，可确保研发或开发资源（人力和资金）得到适当的分配。在这种方法中，企业的领导团队会对开发资源的分配做出战略性的选择，由此将其战略转化为现实：他们会建立资源篮子，按篮子对项目进行分类，然后对每个篮子内的项目进行排名，直到资源用尽。战略桶对主要的、有风险的项目进行资源分配（见图7.5），但是该方法不仅可以用于不同类型的项目，也可以用于不同的战略领域、市场和产品线。方法还是那个方法，但是得到的分配和饼图却是不同的。

采用合理的项目选择方法

我们推荐两种项目选择方法对早期项目的过关／淘汰做出决策。早期项目通常具有很大的未知性、不确定性和风险，这使得传统的投资和回报金融工具无法发挥作用。事实上，在项目中过早地使用传统的金融工具将扼杀掉最具风险和想象力的项目，因此，企业最终得到的是毫无新意的项目组合。这些项目与企业突破性的计划截然相反。对此，我们推荐下列方法。

1. 记分卡方法或评分模型：在此方法中，守门员会收到一张含有精心挑选制订的标准所组成的记分卡，他们会根据这些标准评估创意或建议的开发项目。这些标准应该是基于事实的（例如，它们是公认的区分成功或失败项目的标准，或已经被验证，见图8.5~图8.9）。在门径会议上，I-Group或早期项目团队介绍该创意或项目，守门员给出评分。这样的记分卡方法特别适合于早期的门径（图8.2中的入口1、2和3）。注意，企业应该为不同类型的项目制订不同的记分卡（例如，技术开发项目、新产品项目、产品扩展和修改类项目等）。

2. 预期商业价值和生产率指数：在进入开发阶段之前，企业需要对项目进行一定程度的财务分析（必须在入口3以前，或者入口2也可以使用）。ECV方法是一种结合了风险、不确定性和概率的决策树方法，它还融入了开发流程的增量投资性质（因此，它类似于实际期权或期权定价方法）。决策树绘制了项目过程中的重要事件和决策，并明确了这些事件可能的结果及其发生的概率（见图8.12）。基于"生产率指数"，企业可以对一系列的项目排序，在资源有限的情况下（大多数企业会面临的情况）选择要投资的项目。

企业可以使用上述选择方法做出早期决策，以此获得突破性的创意和发展项目。

基于事实的过关/淘汰决策

建立创意发布系统，例如门径系统，不但可以将构思阶段系统化，将项目推向市场，也有助于企业的创意和项目选择决策。其中的一个关键好处是，通过建立常规的、严格的门径，企业可以用客观的、谨慎的方式剔除那些不佳的创意和项目。门径也确定了可交付成果（做决定时所需的重要信息）、门径标准（理想情况下以记分卡的方式）和守门员（那些决定项目所需资源的管理者）。这是一个看得见的过程，企业的领导团队可以扮演守门员的角色。

当企业推行精心设计的门径创新流程时，它会得到额外的好处，那就是门径创新流程为早期阶段的项目提供可靠的信息。一个有力的门径流程的前端会加载项目——它的目的是将关键的工作或调查活动加入图8.2中的第1和第2阶段。通过这些关键的市场、客户、竞争对手、技术、运营和商业研究，企业可以获取很多数据，为未来的项目积累真实的商业论证。同时，基于事实的商业论证能够使企业和领导团队在入口2和3做出更好的过关/和其他的/一致淘汰决策，特别是在大量资源投入到开发阶段以前。

创新需要和谐的氛围和环境

人、文化和领导力是图9.1中创新菱形的第四个绩效点。到目前为止，我们还没有讨论过这个话题，但是，在整本书中我们可以清楚地看出，拥有合适的氛围、文化和领导力是我们一直推崇的。如果没有合适的企业环境，创新根本不会发生。虽然难以衡量，但在创新菱形中，和谐的气氛和文化以及领导力被证明是产品创新绩效的最强驱动力之一。

高级管理层的投入

在绩效最佳的企业中，高级管理层会带领创新工作并且持续地致力于新产品开发。以宝洁公司为例，雷富礼（前董事长、总裁兼首席执行官）很清楚地表示："创新是持续增长的前提，没有其他的途径可以获得持续的盈利增长。没有持续的创新，市场会停滞不前，产品会堆积，利润会缩水。"

目前，绝大多数的企业将产品创新的成果作为高级管理层绩效指标的一部分。在某些情况下，它们将管理层的变动薪酬和奖金与企业的创新绩效挂钩。例如，在美国ITT工业集团中，新产品成果（以新产品销售额占企业年度销售收入的百分比来衡量）成为业务部门经理的关键绩效指标之一，同时，它也要满足利润和成本的目标。虽然这个做法还不普遍，但在绩效最佳的企业中，它们使用此方法的概率是绩效最差企业的四倍。

推动创造力

在绩效最佳的企业中，高级管理层在推动创新工作方面发挥了领导作用，这远远超过了绩效最差的企业。例如，他们提倡"搜索时间"或"星期五项目"来推动创造力和创新，如第六章提到的3M公司、卡夫食品和W.L.戈尔公司。他们没有过度地排斥风险，偶尔会投资高风险的项目。同时，他们也鼓励建立特殊团队，即在企业体制之外工作的项目和团队。为了征求员工们关于新产品的创意，高级管理层制订了创意建议系统。在绩效最佳的企业中，创意提交者、产品冠军和项目团队的成员会得到公开的表彰和奖励。

灵感还是汗水

杰出的产品创新过程加上优秀的执行力，这只完成了一半的战斗。如果项目以一个平庸的创意为起点，那么就不要期待它会取得辉煌的成果。获取优秀的新产品创意是成功的新产品工作的第一步。聚焦企业产品创新流程的前端，即合理地完成构思阶段，企业可以为其管道提供突破性的创意。

遗憾的是，没有什么捷径可以为企业带来一系列稳定的突破性新产品。但是，企业可以采取一些具体的步骤，这是贯穿本书的宗旨，这也是一项艰难的工作。我们已经概述了每个方法和步骤：制订创新战略、采用客户反馈研究、通过开放式创新寻求外部创意、利用自身员工的创造力、利用基础研究。这些都被证明能为企业带来绝佳的新创意和潜在的变革性产品。当然，这些方法确实需要企业花时间和精力来建立并且遵守。在这里改述一句托马斯·爱迪生的名言，那就是，创新是百分之十的灵感加百分之九十的汗水。

然而，在创新之路的前方有奖赏。有一些强有力的证据表明，绩效最佳的企业确实采用了这些创意生成的方法。成功的回报不仅高，失败的代价也很大，以至于企业不得不为其开发管道提供突破性的创意。因此，接受挑战，迎接下一个变革性的创新吧！